キャンプ、災害時に役立つ基礎知識と設置法

TARP WORK

タープワーク

荒井裕介

誠文堂新光社

はじめに

野営をする方法はさまざまあるが、私はタープ泊をこよなく愛している。揺らぐ炎を見つめながら、夜の闇と冷気を感じ、眠りにつく。そして、朝日が空を照らし始めたころ、鳥の鳴き声や頬に当たる風で目が覚める――。

日々都市での暮らしをしている私にとっては、タープ泊で過ごす一日はとても大切で、贅沢な時間だ。不便の中の豊かさがそこにはある。「足るを知る」。これは私の好きな言葉であり、格言だ。そんな時間を過ごせるアイテムが、タープなのだと思う。

これまで、テントを担ぎ、いくつもの山々を渡り縦走登山をしてきた。軽さとシンプルさを追求して、ＵＬ（ウルトラライト）で山野を駆け回ったりもした。そのどれも魅力はあるし、楽しかった。しかし、再び私が冒険を始めるにあたって選んだのは、解放的な空間と必要最小限の機能を持つ、タープという道具だった。

昨今、ブッシュクラフトやソロキャンプが注目され、焚き火で煮炊きを行うことが楽しみの中心になっているように感じる。もちろ

タープ術では、ロープワークをいかに簡単にするかも大切であり、楽しみのひとつ。その技術の向上に終わりはない

ん、タープはそういった楽しみ方にとても合う道具だし、ぜひ使っていただきたいのだが、私はそれ以外のすべてのタープで過ごす時間をぜひ楽しんで欲しいと思っている。開放的な屋根の下で過ごしながら、圧倒的な野生を感じ、どこまでもやさしい自然を思う。すると、いつしか自然が自分の一部となり、何より大切なものだと思うことができるようになる。その扉を開いてくれるのが、タープという道具なのである。

　タープ泊というと上級者の楽しみ方と思うかもしれないが、実はタープはテントよりも歴史は古く、かつては野営といえばタープが当たり前だった。つまり、それだけ実用的で役立つものだということだ。本書では、今となってはあまり知られていないタープの可能性や、奥深さ、面白さをお伝えできればと思っている。

　もちろん、本書に載っているタープの張り方がすべてではない。シチュエーションやアイデア次第でその張り方のバリエーションは進化する。当然、本書で紹介している張り方は、必ずしも同じ大きさ、形状のタープを使用しなければならないわけではない。ソロ用として紹介しているものの、より大きなタープを使用すれば２～３人、

焚き火と過ごし、揺らぎの中に身を置く贅沢時間。風や光を感じる空間がタープ泊の醍醐味だ

もしくはファミリーでも使用できるものも多い。また、タープのみではなく、テント泊をより快適に拡張するアイテムとしても活用してもらいたい。

さらに、近年「未曾有の災害」という言葉を耳にすることが多い。本書を書いている２０２１年は新型コロナウィルスの蔓延を阻止するために各自が予防に取り組んでいる。そうした中で再び災害が起きた場合、避難所の活用方法は変わるに違いない。高齢者や妊婦、子供に避難所を明け渡し、感染リスクを減らすということもあるだろう。その時に、新たな方法として野営術が見直されるはずである。

野営術を身につけていれば、避難所の外で過ごすことは苦にはならない。野営に必要な快適さと拡張性、汎用性がタープにはあるのだ。遊びの中で学ぶサバイバル術としても、多くの人に考え、取り組んでもらえたらと願う。

本書を通じて自然への興味が深まり、タープ泊に挑戦してもらえたら本望だ。

荒井裕介

必要最低限の明かりは、温かい時間を生み出す。寝転びながら星を眺める。こんな贅沢な時間はほかにはないように思う

CONTENTS

CHAPTER 2

ロープワーク

CHAPTER 3

CHAPTER 1

タープの基礎知識

Basic knowledge

01 タープの用途

オールシーズン対応の優れた道具

タープとは、いってしまえば防水性が高い1枚のシートでしかないのだが、そのシンプルさが我々にもたらすメリットは数多い。

例を挙げると、まずさまざまな形状の空間を作り出せ、用途が極めて多彩だということ。タープの本来の目的は、アウトドアで雨風や日差しを防ぐ屋根になることだが、使いようによって壁にも床にもなる、汎用性の高い野営道具なのである。また、軽量でコンパクトに持ち運ぶことができるというのもメリット。特に最近のタープは薄くても強度が高い素材が使用されており、畳めば手のひらに乗るくらいになってしまうものもある。

とはいえ、タープに対し「テントより手間がかかる」「寒い」というイメージを持つキャンパーも多いだろう。確かにキャンプ場でワイルドなタープ泊をする人を見ると、キャンプ上級者に思えるかもしれない。だが、実際にはタープ泊はそれほど難しいノウハウを必要とするわけではない。

また、暖かさという点では、密閉度が高いテントと比べると確かに劣るかもしれないが、床を設けない、あるいは必要最小限にするタープは、焚き火との相性が抜群によく、この熱を利用することでとても暖かく過ごすことができる。加えて、靴を履いたまま出入りもできるという長所もあり、タープはまさにオールシーズン対応、全天候型の優れたアウトドア道具といえる。

また、タープは緊急時や災害時にも役立つアイテム。登山で遭難した時には、ただタープを被るだけでも体温保持には大いに役立ってくれるし、避難時に折り紙の要領で組み上げれば、テントのようなプライベート空間やフロアレスシェルターを作り出せる。また、何枚かのタープを連結することで、より大きな空間を作ることも可能だ。テントのようなフレームやフロアがないので、形状も高さも自由に設定でき、さまざまな状況や人数に対し柔軟に対応することができるのである。

私は、タープを新しいキャンプの形を与えてくれる優れた道具だと捉えている。

タープは自然環境を利用しながら設営、拡張ができる優れたアイテム。工夫次第で居住性や快適性はテント以上になる

02 タープの種類

ダクロン

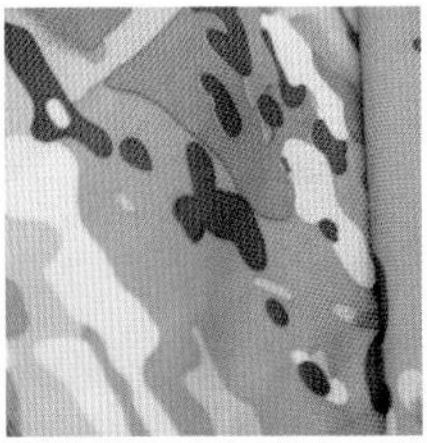

高耐久でコシがあり丈夫。重量はあるが耐摩耗性に優れ、グランドシートとしても安心して使える。コットンの代用としても注目の素材

シルナイロン

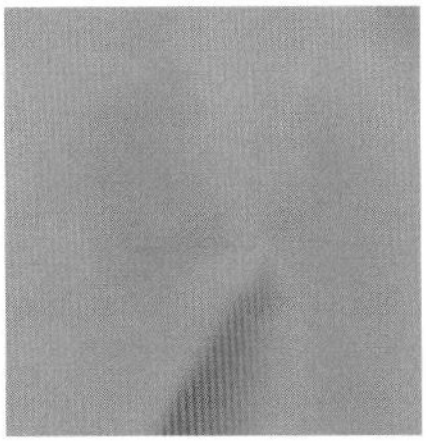

シリコンコートされたナイロンで、リップストップが採用されたものもあり現在もっとも主流な素材。重量と耐久性のバランスがいいのが特徴

リップストップナイロン

スピンネーカーというヨットの帆として使われることが多く、軽量で丈夫。ウルトラライト派や装備を軽量にしたい人にオススメの素材

ポリエチレン

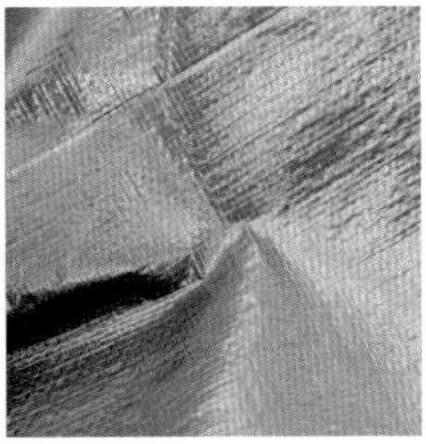

焚き火との相性はよくないが、軽量で安価。ビニールシートやブルーシートの素材。耐候性が高いものもあるので使い勝手がいい素材でもある

タープのおもな素材

タープの素材はたくさんあるが、その中でも代表的なものを紹介しよう。

現在主流なのは、軽量で耐久性も高いナイロン素材。その中でもシルナイロンは、アルパイン向けから一般的なキャンプ向けまで幅広く使用されている素材だ。柔軟性と適度な伸縮性を持ち、シリコンコートで耐水性も高い。また、難燃加工が施され、火の粉がかかっても燃え広がりにくい加工が施されたナイロン素材もある。

コットン素材も人気が高いのだが、手入れに難があり扱いにくい。そのため、手入れが簡単で、なおかつコットンのような重量感を演出できるダクロン素材が使われることも多い。

それぞれの素材によって、重量や耐久性が変わってくるので、自分のキャンプスタイルに合った素材を選ぶといいだろう。特にソロキャンプやブッシュクラフトキャンプであれば、軽くコンパクトになる素材にしたほうが都合がいい。

4×3

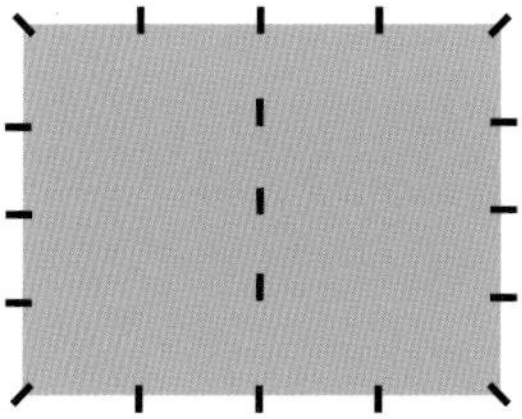

3人まで使用可能。使い勝手はいいが、長方形ゆえの扱いにくさもある

3×3

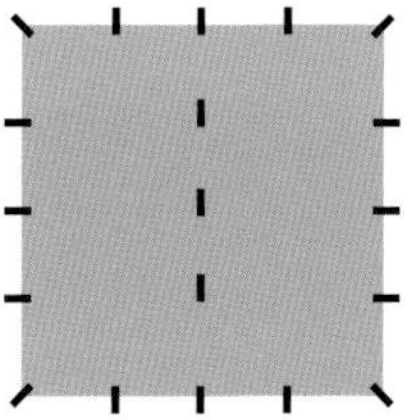

3m×3m。ベーシックなサイズで、ソロから2人向け

簡易型

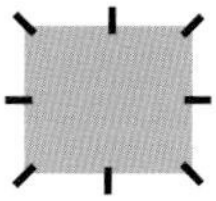

ポンチョやシートと兼用が可能なものが多い。1人用

大型

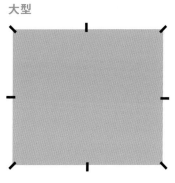

レクリエーションからファミリー向け。別途ポールがあるといいサイズ

大きさの違い

タープを選ぶ際には、どのサイズがいいのか悩むだろう。まず初心者でも扱いやすいのが3×3（m）の正方形タイプで、これを基本として考えるとわかりやすい。正方形は4辺の長さが等しく、不整地や変則的な張り方でも空間の把握がしやすい。そして、タープの扱いに慣れたら今度は長方形を使ってみるといいだろう。

複数人での使用を目的とする場合は、最初から4×3（m）などの長方形を選ぶのもありだ。複数人で活用する場合は、張り方がある程度限定されるので、長方形でも扱いやすくなるからだ。

タープは大きければいいというわけではない。焚き火をする際には、熱を蓄えるスペースを最小限にすることで小さな焚き火でも暖かく眠ることが可能になるし、タープが大きいほど風に煽られやすくもなる。あくまで使用人数に適したサイズを選ぶことがポイント。タープに関しては、大は小を兼ねないアイテムだと覚えておこう。

レクタングル

長方形で空間が広く、変則的な張り方もできる。中級以上にオススメ

スクエア

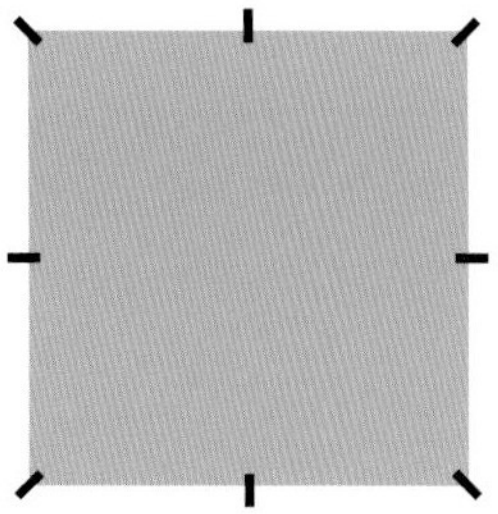

素直な形状で一番汎用性が高いタイプ。さまざまなシーンで活用できる

ヘキサゴン

六角形で張り綱の張力が均等に掛かるので、悪天候に強いとされる

ウィング

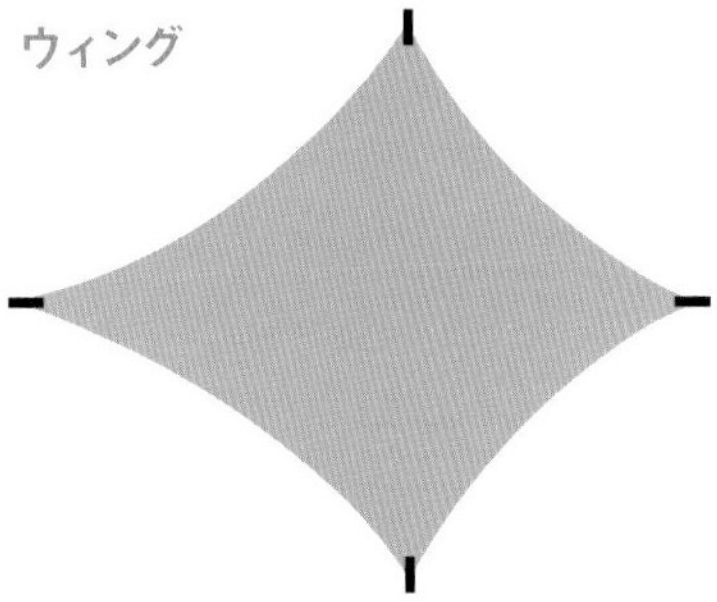

菱形が基本形状で、風を受け流しやすく、シルエットが翼のように見える

形状の違い

形状やサイズによって適しているシーンは変わってくるが、基本はスクエアタイプ。また、対角線上のラインアタッチメントを使いこなすのにそれなりの技術が必要だが、レクタングルタイプなら長辺の長さを生かし、住空間をより広く取ることができる。形状がシンプルな分、張り方に応用が利くので、タープ泊をするのであればこうした形状のものが使いやすいだろう。

ヘキサゴンタイプやウィングタイプは、テントやハンモックとの組み合わせでは活用しやすいのだが、スクエアやレクタングルのように張り方のバリエーションはない。とはいえ、レクリエーションやファミリーキャンプのダイニングや日除けとしてなら大いに役立つ。急な風向きの変化にも柔軟に対応でき、非常に使いやすい。

技量があれば、スクエアやレクタングルはヘキサゴンやウィングの代用としても使える。シーンや用途、技量に合わせて選ぶようにしたい。

グロメットタイプは、テープ素材が摩擦を生みほどけにくい。リフターとグロメットがセットになっているものは汎用性が高い

タープの面の部分にあるリフター。ループタイプのものは柔軟性があり、グロメットのように破損する恐れが少ない

張り綱を結ぶアタッチメントにはさまざまなタイプがある。使い方にもよるが、穴がペグダウンできるサイズであるかも大切なポイントだ

さまざまなラインアタッチメント

ラインアタッチメントとは、張り綱を結ぶ部分のこと。丸い穴が空いているグロメットや、ループ状のものなど形状はさまざまで、金属、強化プラスチック、ダイニーマといった素材が使われている。また、右上の写真にある黒い樹脂製のものは、もともとアタッチメントがないシートやタープの好みの部分に着脱できるタープクランプである。

一般的なタープであれば、少なくともすべての角にアタッチメントが付いているが、商品によっては辺の途中や上面に付いているものもある。アタッチメントが多いほど張り方のバリエーションが増えるので、タープを選ぶ際には、アタッチメントの耐久性や強度だけでなく、付いている数や位置も考慮するようにしたい。

なお、グロメットやテープ、ダイニーマ製のものは、壊れてしまっても自力で修理しやすいが、専用設計になっている金属部品や樹脂製のものはメーカー修理になることが多い。

03 タープの選び方

目的に合ったタープを選ぶ

タープを選ぶには、まず自分の活動するフィールドをよく理解しておく必要がある。例えばソロキャンプやブッシュクラフトであれば、キャンプ地が傾斜地や樹間であることも多いだろう。であれば、3×3（m）程度が使い勝手がいい。

移動の手段やスタイルによっても変わってくる。もしバックパックで移動するようなら、できるだけ軽くコンパクトになるものがよい。また、収納するスタッフバッグが平たいものと円柱形のものがあるが、バックパッキングの場合、平たいタイプのほうが使いやすいことが多い。円柱状のものはバックパックに入れた時にすき間ができやすく、収納力が低下してしまうからである。

一方、オートキャンプであれば、スタッキングサイズや重量はさほど重要ではなくなる。ファミリーキャンプなどで使う大型タープの場合は、風を受け幕体に掛かる力が大きくなるし、設営時や撤収時に地面に擦れてしまうことも多い。したがって、デニール数が高く厚みがあるものや、外周に補強テープが縫い付けられた耐久性の高いもののほうがいいだろう。また、難燃素材を使用していたり、難燃加工が施されたものならば、焚き火をしても安心して使用できる。

ポールとタープがセットになっていてひとつのスタッフバッグに収納するタイプは、コンパクトカーだと収納しにくいサイズのものもあるので、展開サイズだけでなく収納サイズもあらかじめチェックしておきたい。

どんなシーンで使うにしても、耐水圧は高いほうがいいし、紫外線カット率も確認しておきたい。特に女性や小さなお子さんがいる場合には、大切な要素だ。

ほかに購入時の注意として、アルパインや沢登り用のタープの中には、縫い目の防水性を高めるシームシーリング加工を自分で行わなければならないものもあるので注意したい。なお、この場合、テープ状のものよりジェル状の目止めを選んだほうが経年劣化が少なくなる。

サイズ選択は重要なポイント。そのサイズを最大限に生かす張り方やレイアウトを覚えたい。また、スタッフバッグはゆとりがあるほうが、使い勝手がいい

04 タープを張る場所

どのような環境か

温暖で晴天が保証されているなら、タープを張らないオープンビバークも気持ちいいものだが、天候が急激に悪化することもあるので、やはりタープを張って屋根を作ったほうが安心だ。

タープを張る場所は無数にあるといっていい。樹木がある森の中や石や岩の河原、砂地だったり傾斜地であったりと、シーンはさまざまだが、どのような場所でもタープは張ることができる。傾斜地や適当な樹間が得られない樹林帯では、張り綱の設置が難しい場合もあるが、太めの枝やポールなどを使えば設置可能だ。テントのようなフロアがないタープは、傾斜地や岩場であっても、人が1人横になるスペースさえ確保できれば設置できるのである。これはタープの大きな魅力といっていいだろう。

それぞれのフィールドによって大きく異なるのが、ペグダウンの方法である。固い岩盤の河原や雪上、砂地では通常のペグは刺さらないし、柔らかく流動性のある地面では、ペグは抜けてしまう。そのため、そのフィールドに合ったペグダウンをしなくてはならない。

ナチュラル・プロテクションといって、自然物を利用したペグダウン方法もある。せっかくテントより自由度が高いタープを利用するのだから、さまざまなシーンで活用できるプロテクション方法をマスターしたい。

快適なタープ泊をするためには、フィールドの状態を考え、柔軟に対応する必要がある。例えば、雨が降った後の樹林帯では地面の湿度が高く、フロアがないと不快に感じることがある。こうした場合は、グランドシートを組み合わせることで快適に過ごせるようになるだろう。

また、川原ではポールの代用として立ち木や大きな岩を使用することも多いのだが、そうすると任意の方向に出入り口を設けられないことがある。この場合、焚き火をした時に煙がタープ内に充満してしまうこともあるので、排煙方法を考える必要がある。

山林

立ち木や枝の入手が容易でタープには好条件だが、焚き火の利用には火事に十分注意すること。また立ち木の保護も忘れないように

河原

ペグダウンやロープ類の取り回しにコツはいるが、快適な場所でもある。増水に備え、一段高い場所を選ぶようにするのを忘れずに

平地

キャンプ場や公園など、平らな場所が確保できる場所もある。立ち木の利用が制限されている場合も多いので、ポールは持参するようにしたい

砂浜

キャンプ禁止の砂浜が多いが、レジャーでタープを使用する際はペグではなくアンカーを用意すること。潮の満ち引きに注意が必要だ

強風に対しては、タープが煽られないよう裾が地面に着くようにペグダウンし、常に後方から風を受ける形にするのが望ましい。風の力が働く方向を、幕体を押さえ付ける向きにするのがコツだ

風とタープの関係

タープ泊で心配なことといえば、雨と風である。テントのように出入り口を完全に塞ぐことはできないし、バスタブ状のフロアを設置することもできないからである。もちろん、出入り口を塞ぐタープの張り方はあるのだが完全密閉とはいかないし、張り方の種類も限られてしまう。

タープ設営時に、もっとも優先して考えなければならないのが、風向き。雨や雪が降っても風がなければタープ内に吹き込むこともなく、比較的しのぎやすい。風に対しては、常に幕体の後ろ側から受けるようにすること。風上の裾は地面に設置するようにし、吹き流し状態にならないようにしなければならない。風が強い場合は、タープに高低差をつけ、側面はできるだけ接地させ開口部をひとつにするように設営する。そうすることで風の侵入を最小限に抑えることができる。

風にはタープを地面から引き剥がそうとする力と、上から押さえ付けようとする力がある。地面

風力階級表

風力	風速（m/秒）	和名	陸上の状態
0	0 ～ 0.2	静穏	静穏。煙はまっすぐにのぼる
1	0.3 ～ 1.5	至軽風	風向きは煙がなびくのでわかる
2	1.6 ～ 3.3	軽風	頬に風を感じる。木の葉が動く
3	3.4 ～ 5.4	軟風	木の葉や細い小枝が絶えず動く
4	5.5 ～ 7.9	和風	砂ぼこりが立ち、紙片が舞い上がる。小枝動く
5	8.0 ～ 10.7	疾風	かん木が揺れはじめる。池など水面に波頭が立つ
6	10.8 ～ 13.8	雄風	大枝動く。電線が鳴る。傘はさしにくい
7	13.9 ～ 17.1	強風	樹木全体が揺れる。風に向かって歩きにくい
8	17.2 ～ 20.7	疾強風	小枝が折れる。風に向かって歩けない
9	20.8 ～ 24.4	大強風	煙突が倒れ、かわらがはがれる
10	24.5 ～ 28.4	暴風	かん木が根こそぎになり、人家に大損害が生まれる

これは、風の強さをあらわす、ビューフォート風力階級表。タープを使って楽しく遊べるのは風力4くらいまで。5以上になったら緊急用アレンジでないと難しい。8となったらできるのはシット・ダウン・ビビィ(p.200) くらい。それ以上になったら、避難行動をとるべきだ

を這うように吹き付ける風を、低くピンと張った面で受け流すことで、幕体を地面へ押さえ付ける風へと変換させる。そして、幕体を押さえようとする風を張り綱の弾性で受け流し、左右に開いた幕体で分散させる。このイメージができていればタープ泊は快適な空間になる。

また、風が強いときは、ラインアタッチメントを使って張り綱から吊り下げるハングダウンではなく、張り綱にタープを掛けるようにするほうが幕体へのダメージが少なく、ラインアタッチメントが破損する恐れも少なくなる。

とはいえ、山であっても海沿いであっても、風向きが時間帯ごとに変わることがしばしばある。風向きを知るために、事前に情報を収集しておいたほうがいいが、沢筋では日中は山から吹き降ろし、午後2時から4時ごろまで沢を上がる風が吹くことが多い。沢筋を冷たい風が吹き上がる時は、天候が崩れる前兆であったことが私の経験上多々ある。強風時や悪天候時は、決して無理をしないことを前提にタープ泊を楽しんで欲しい。

倒木でベッドを作れば、傾斜地でもフラットな寝床を作り出すことができる。高低差を生かしたスリーピングシステムを作れば、平地よりも快適に過ごすことも可能になる

傾斜地にタープを張るメリット

タープの最大のメリットは、自由度の高さ。その時々の環境や状況に合わせ、自由に形を変えて設営することが可能なところだ。例えば、テントでは傾斜地での設営は困難だが、タープであれば逆にその環境を生かすことができる。

傾斜地では、自然と高低差ができる。高低差があると、寝床として必要最低限のスペースさえ確保できれば、イスに座るように足を下ろして休むことができる。レスト姿勢に負担が少ないのは、ビバークする条件として優れているといえる。また、高低差があれば、幕の先端、焚き火側での作業スペースに高さが生まれる。長時間タープの下での作業を余儀なくされる雨天時などは、腰を曲げたままの姿勢にならず、とてもありがたい。

また、通常平地で焚き火をすると熱源が寝床の高さと同じであることが多いが、傾斜地であれば寝床よりも低くできる。焚き火の熱は上昇気流によって上に運ばれるので、寝床により効率よく届

傾斜地でなくても、地面が一様に平坦である場合は少なく、一部がくぼんでいる場所でタープを張らなくてはならないという場面が多い。そういった場合は、ペグとアタッチメントの間をロープで調整するときれいに張ることができる

傾斜地では、焚き火に薪を投入するオートフィーダーを容易に設置できる。また頭上の空間の確保ができるため、長時間タープの下で作業する場合であっても快適に過ごすことができる

けられ暖かく過ごすことができる。さらに、傾斜を利用して薪が次々と焚き火に入るようにしておくと、就寝中に起きて薪を追加する必要もなくなり都合がいい。

この状態を平地で作り出すとするとかなりの労力を要するのだが、傾斜地をうまく利用することで、比較的簡単に作り出すことができる。沢沿いで、一段高い場所に平地を見つけられないような場合に有効なビバーク方法である。

傾斜を利用する場合の注意点は、山林であっても雨天時に水が流れてきた跡がないか、砂地や砂礫ではないか、傾斜の先が切れ落ちていないか、ビバーク地よりも上方に大きな岩や倒木がないかなど、安全に配慮する必要がある。

傾斜地に関わらず、常にこうした安全確認作業は必要だが、傾斜地では風雨、動物の刺激により落石などの可能性がほかよりも高くなるので、設営の際はより入念に安全確認を行う。また装備を置く場合には、装備が転落してしまわないように気を付けなければならない。

05 ペグ止め

ペグの種類

ペグにはタープを固定するという重要な役割がある。フレームを持たないタープは、張り綱で持ち上げた幕体にペグでテンションを掛け強度を出している。風を受けた際にその張力を維持できるか否かは、ペグダウンに委ねられているのだ。よって、ペグダウンの強度でタープの性能が決まるといっても過言ではない。

どのようなペグでも、打ち方の基本は、張り綱を掛けるフックまでボディ部分をしっかりと打ち込むこと。そして幕に対して外側に力が掛かるように打ち込むことだ。

ペグにはさまざまな種類がある。地面との摩擦抵抗が大きい形状のものほど抜けにくいのだが、撤収時に抜けなくなってしまうのも困る。私がよく使用するのは胴丸でスティック状のネイルペグだが、砂礫混じりの場所では効きにくいことがある。そうした場合は、表面積が大きいV字ペグやY字ペグを利用して摩擦抵抗を稼ぐ。

ペグの材質も重要で、フィールドによって使い分けられるよう、数種類用意しておくと安心だ。樹林帯のような地面が柔らかい場所であれば、アルミや枝で十分機能するが、硬い場合であれば頑強なスチール製が適している。チタン製は軽さを求める場合以外は、抜けやすく回転しやすいのであまりオススメできない。チタンのメリットは、圧倒的に軽いことと粘りと硬さがある素材なので、アルミに比べ耐久性があることだろう。

ペグの頭にあるフック状の部分のサイズや形状も、ペグ選びには重要なポイントになる。このサイズが小さいと、ラインを保持できず外れやすい。特にアルミペグを選ぶ際は、注意して選ぶようにしてもらいたい。アルミ素材は、ヤスリで削ったりして任意のサイズに変更できるが、削りすぎると強度が落ちてしまう。特に張り綱にパラコードを使用する場合は、通常の張り綱よりも径が太くなるので注意が必要だ。

また、ペグに樹脂パーツがある場合は、使用前に破損の有無を確認しておくことを忘れずに。

アルミ製Y字ペグ

Y字ペグは、ネイルペグなどと違い表面積が稼げるうえ、柔らかいアルミ素材を使用しても強度を上げることができる。また、各辺にラインフックがあるので使い勝手がいい

鉄製V字ペグ

幅広で強度があり、抜けにくいのがV字のタイプ。面で摩擦を稼げるので悪天候時にはいいが、重量は重くなる。また、硬い土壌では抜けにくくなるので注意が必要だ

鍛造ペグ

頑強な鍛造ペグは、砂利や石混じりのフィールドでも、強く打ち込むことが可能だ。長さもさまざまあり、コンディションによって使い分けられる。重めだが、耐久性は高い

ネイルペグ

一般的なペグで、扱いやすく安価なのが魅力。キャンプ場などではこれが一番使いやすいが、回転してしまうとラインが外れやすいので、設営する時には注意が必要だ

ピンペグ

チタンペグなどに多い形状で、大型のものもある。変形しやすいがバリエーションが豊富でかさばらないのがいい。ネイルペグ同様に回転しやすいので、注意しなければならない

ペグハンマー

ヘッドが柔らかい金属製で、通常のハンマーとは異なる。握りやすいグリップとストラップ、ペグプーラーがあるものが使いやすい

ペグ止めの手順

まずペグハンマーだが、リストストラップの付いているものを選ぶようにしたい。ハンマーではないが、キャンプ場で斧が手から抜けて私に向かって飛んできたことがある。そうした事故防止と疲労軽減に有効なのがリストストラップなのだ。

次にペグの向きだが、フックの開いている側が必ず張り綱やアタッチメントに対し逆を向くようにすること。またペグの傾きは地面に対して60度以上傾けて打ち込む。打ち込む際に、手で軽く押し込んだくらいで根元まで刺さるようなら、ペグは効いていない。キャンプ場でも草や木の根、石などがあると地中にすき間がありペグが効かない場合があるが、そうした場合は、張り綱を伸ばしたりして、ペグダウンの場所を変えるようにしよう。

張り綱をペグに掛けるのは、ペグ全長の半分から2／3程度が刺さった状態で行う。その時にある程度しっかりとラインが張られた状態にしておいてから首まで打ち込むと、張り綱がピンと張った状態になるので、最後に張り具合を自在などで調整すればいい。打ち込んでからラインを通そうとすると、フック部分が地面に当たって通せなかったり、ペグを回転させてしまう原因になるので、必ず地面に刺し切る前にラインを装着すること。刺す前からラインを掛けておいてもよい。

また、ペグハンマーで打ち込む際に、釘を打つような強い力でペグを打ち込んではならない。そうしなくては刺さらない硬い土壌では、岩や倒木、重石などを利用して設置するようにしよう。刺せたとしても、ペグが回収できなくなり突出してしまうと、思わぬ事故の原因になる。決してペグを刺しっ放しにはしないよう注意してもらいたい。

ペグ止めの手順

1 まずはペグハンマーに装備されているリストループを手首に装着する。雨などで手が濡れていても手から離脱しないようにしっかりと装着したい

2 地面に対して60度程度に傾斜を付けて打ち込む。この時、ラインフック部分が幕に対して外側に向くようにする。手の力だけで刺さる場合は場所を変える

3 ペグの半分から2/3程度が刺さったら、ラインフックに張り綱をセットして張りすぎない程度に自在を調整する。この時、ペグが回転しないように注意する

4 張り綱の張力を感じながら、ペグの回転に注意してしっかりと打ち切る。抜く時にペグプーラーが掛かる程度地面から余裕を持たせておくと撤収が楽だ

悪い例

ラインの引きと同じ向きに刺さっていると、ラインの張りだけで簡単に抜けてしまう。ラインの引きに対し角度をつけてペグを設置し直す

ペグが寝すぎている。これでは地面の硬さを利用できず、ペグが曲がってしまったり地面ごとめくり上げて抜けてしまったりする

ペグの抜き方

ペグを刺す角度

ペグを刺す角度は地面に対して60度程度がいい。垂直や傾きすぎに注意。ラインを掛けた時に起き上がってしまうようであれば、打ち込む場所を変えるかペグを違うタイプにする

ペグの抜き方

ペグハンマーのペグプーラーか張り綱をラインフックに掛けたら、ペグの傾斜に合わせてまっすぐ抜く。決してテコを使って抜かないこと。そうするとペグが曲がってしまう

紛失を防ぐ

ペグはフィールドで見失いがちだ。抜き取り後は泥も付着するので余計である。紛失を防ぐには、使用した数をしっかりと把握し、抜いた時に置く場所を決めておくといい

枝を流用してペグにする

丈夫な落枝を利用してペグを作る。ラインが掛かるところを加工してくぼませるか、細い枝の付け根を残すようにするといい。作り方はp.44-45参照

木や石をハンマー代わりにする

ペグハンマーがない場合は、木製のバトンを製作するか石などで打ち込むといい。バトンならミスした時に指や手をつぶさないで済むので、加工する時間があればバトンを製作してもらいたい

06 ポールについて

ポールの種類

タープポールにはいくつか種類がある。またタープポールとして代用可能なものもある。

まずは市販されているものだが、2m前後まで伸縮可能なタイプと長さが固定されているものがあり、先端にタープのアタッチメントに固定できる細い金属性の突起があるものが多い。ジョイント部分にバンジーコードやチェーンが付属し、バラバラにならないものが主流だ。また、径が細く1m前後の長さで、最小限のポールとして使えるツェルトポールのようなものもある。

市販のポールを使うメリットは、張り綱やアタッチメントとの相性がよく、タープ設営に十分な強度が保たれていることだ。素材は、メッキの施されたスチールやアルミ、カーボンなど。アルミ素材は強度関係から1m前後のものが多く、高さを上げられるものは少ない。雰囲気がある木製のポールもあるので、キャンプサイトの演出方法に合わせて選べる楽しみがある。なお、カーボン素材のポールは軽く女性でも扱いやすいが、砂や石で傷が入るとそこから折れてしまうことがある。

タープポールの長さはいろいろで、3m近いものもある。オートキャンプ用のセット品でなければ、若干でも伸縮機能があるものを選んだほうが、不整地であっても高さ調整ができ便利。コンバーチブル（可変）タイプのタープを設営する時にも、伸縮機能が非常に有効となる。

また、ランタンフックなどが取り付けられるアタッチメントが用意されているものもあるので、それも選択基準のひとつとなる。タープそのものはもちろんだが、ポールも重要なアイテムなので、自分に合ったものを選んでもらいたい。

また、専用のポールでなくとも、タープポールとして使える物も多々ある。竹、落枝、杖などがそれだ。ポールではないが自転車やバイク、車も工夫次第で活用できる。トレッキングポールを使う場合は、短いポールを連結可能なアタッチメントもあるので、そうしたものを使い、ある程度の高さを稼ぐこともできる。

タープに使うポールは、いろいろな素材、太さ、長さのものがあるので、使うタープに合わせて選びたい。市販されているものが使いやすいが、落枝を流用することもできる

ポールの使い方

ポールの扱い方は、タープ設営の重要ポイント。ポールを使う時には、まずジョイントにヒビやたわみがないか、ジョイント部分に異物の詰まりがないかを確認。チェックしたらそれぞれのジョイントを最後までしっかりと差し込む。

ポールはポールだけでは自立しない。ポールを立てるには張り綱を掛けてペグダウンし、タープのテンションを張り綱の逆方向に掛けることでようやく自立する。

それのみでは自立しないポールをうまく扱うコツは、ポールにかかるテンションを感じながら、対角をペグダウンすること。最初にポール先端にタープ側のアタッチメントと張り綱のループを掛けてバランスを取りながら作業すると、適度な重さが掛かりペグダウンがしやすい。

張り綱のループは、フィギュア・エイト・ノットで作るが、もともとポールに付属している張り綱であればすでにループが作られているものがほとんどだ。ビギナーであれば、張り綱付きのポールを選ぶといいだろう。

持ち運びやすく強度があって、タープのアタッチメントが掛けやすいタープ専用のポールは、非常に便利で使いやすいし、こうしたポールを使いこなせれば、今度は落枝や立ち木もポール代わりに使いこなせるようになる。

ちなみに、多くのキャンプ場では、樹木保護や環境保全のために、立ち木に張り綱を掛けることが禁止されている。そういったキャンプ場では、ポールを使用して設営しなければならない。また、立ち木を利用できる場合でも、樹木保護のために当て布をしたほうがいいだろう。

あるいは、トレッキングポールを利用することもあると思う。その場合は、商品の使用安全範囲内に収まる長さで使用し、延長アタッチメントなどは適正な方法で取り付けるようにする。テンションの掛かった状態でポールが破損すると、かなりの勢いでポールが倒れることがあるので、過加重は避けるようにしたい。

ポールはタープの支柱としても、タープを変形させて使う場合の補助としても使用できる。ポールの用途やタープサイズに合わせて選択し活用して欲しい。また、メンテナンスも行うようにしたい

ポール先端のピンを使う

ポールの先端にはアタッチメントや張り綱のループを掛ける強度が高いピンが付いている。タープ側のアタッチメントを掛けてから、張り綱のループを掛けると、風などでタープが外れてしまうことがなくなる

07 自然のものを利用する

フィールドにあるものをうまく使う

一般に、ペグはペグとして作られたものを指すが、フィールドにはペグの代用として使えるものがたくさんある。自然の中にあるものを使って支点を作ることをナチュラル・プロテクションと呼び、立ち木や草、岩などさまざまな自然物を利用する。

山野では、倒木や重さのある落枝に張り綱を結び、タープにテンションを掛けることがあるし、沢登りなどでは岩や石に直接固定したり、流木を岩で押さえて利用することもある。また、自然物ではないペットボトルやプラスチックバッグ（レジ袋）などもペグの代わりとして活用できる。雪上や砂地で竹製やアルミ製のクロスペグを使ったり、ピッケル、流木に張り綱を結び、フリクションペグ（アンカー）にすることもある。

ポールに関しても同じで、自然の中に代用できるものは多くある。状況に合わせその場で代用品を見つけられるようにすることが、タープ術では求められるのである。

木から吊るす

ポールが立てにくい雪上や、立ち木と立ち木の間にロープを張りにくい時に使える方法。樹上からタープを吊るすことで、ポールより強度を上げることも可能だし、ポールがない分、空間も広くなる

木に結ぶ

立ち木を使えば、ポールより強固にタープを設営することができる。しかし、フィールドによって事情はさまざま。必要であれば、管理者の承諾を経て、布などで保護をしたうえで行うようにしたい

木の高いところに張り綱を掛ける方法

木の上に張り綱を吊るす時には、張り綱を上に投げて掛ける必要がある。もし飛距離が出ない場合は、スタッフバッグやペグ袋に小石などを詰めて重りにして投げる。周囲の安全に配慮すること

枝をポール代わりにする

徒歩での移動など、ポールを持っていけない時には、ポールの代わりに落ちている枝を使うことはよくある。タープ内に立てて幕体を押し上げ、空間を広げたい時にも枝が役に立つ

枝を使ってリフトアップ

ロープを持ち上げて張りたい時，ポールの代用品として枝で中継点を作る方法がある。トレッキングポールでもいいが、森の中なら枝は落ちているし、任意の長さにも調整しやすい

枝に物を掛ける

枝をポール代わりに使うなら、二股部分や枝をギアハンガーとして活用したい。荷物をぶら下げておくと、誤って踏んでしまうこともなくなる

枝を使いロープとタープを固定

ロープにタープを留める時には、細い枝が活躍。枝を使えば、簡単でテンションの調整もしやすい(p.95参照)

木製のペグは、細い金属ペグよりも摩擦力に優れており、保持力が高い。また、万一その場に残してしまったとしても土に還るので、プラスチック製などのものと違いゴミにならない

ペグも枝を利用できる

ペグといえば馴染みがあるのは樹脂製や金属製のものだろう。しかし、ブッシュクラフトをしたことのある人なら、木のペグを使ったことがあるのではないだろうか？

細い枝をそのまま使ってもペグの代わりにはなるが、太めの木を削ってペグにすると、その保持力の高さに驚くことだろう。樹皮や削ってあらわれた表面にはザラつきがあるし、地中に刺すと水分を吸ってわずかだが膨張して抜けにくくなる。

形は不規則で一本一本違うが、それもまた味。もちろん、耐久性の面では金属製や樹脂製のものにかなわないし、どんな地面でも使えるものではない。しかし、ペグが足りなくなった時や忘れた時のために、その場にあるものでペグが作れることを覚えておくといいだろう。経験値を増やす意味でも、ブッシュクラフトだけでなく、ファミリーキャンプでも木のペグを作って使ってみることをオススメする。

木ペグの作り方

1 まずは、手ごろな太さと長さの枝を見つける。このサイズだと、タープのアタッチメントだけでなく、力の掛かる張り綱にも使用できる

2 枝の末端より数cm下に、ノコギリやナイフで切り込みを入れる。深さは5mm程度で大丈夫だ

3 ぐるりと1周切り込みを入れる。できるだけ枝に対して垂直に入れるようにすると、張り綱がしっかりとアゴに掛かるようになる

4 切り込みに対して、下からテーパーを付けるように細く削っていく。ここがラインフックになる。使用するロープに合わせた深さになるように

5 続いて先端部をナイフで削る。そこまで鋭くする必要はなく、地面に刺さるきっかけができる程度でいい

6 強い力で打ち込んでも、地中に入ってしまえば割れるリスクは半減する。首の部分が、ロープをしっかり保持している

08 ペグが効かない場所に張る方法

タープが張れない場所はない

砂浜や雪上、柔らかい土といったフィールドでは、ペグを打ってもすぐ抜けてしまう場合がある。しかし、こうした場合でも、張り綱を留めることは可能である。

ペグが抜けてしまうのは、地面とペグの間の抵抗が小さいからなので、それを大きくしてやればいい。抵抗を大きくする例として代表的なものが、クロスペグである。

クロスペグとは、板状に加工した竹やアルミなどをエックス状にして組み、アンカーとして利用するもので、雪山では定番となっている方法だ。また、スタッフバッグやプラスチックバッグ（レジ袋）に雪や砂を詰めて抵抗にすることもある。

砂地の場合は、穴を掘りクロスペグなど抵抗になるものを埋めれば張り綱が張れる。スタッフバッグやプラスチックバッグに砂を詰めたものも、ただ置くだけだと抵抗が足りないので、砂を掘って埋めるようにする。

また、雪上なら、埋めたうえで踏み固めるとより強固に固定されるので、それほど抵抗が大きくないもの、例えば小枝1本だけでも固定することが可能だ。ただし、雪は融解と凍結を繰り返すので、気温が下がり凍結する時にアンカーを埋めると、掘り返すのが大変なくらいに固まってしまう。時にはアンカーの回収に手こずることがあるので注意したい。

岩場では、大きな岩に直接張り綱を結んでしまうという方法もある。岩の断面が鋭利だと張り綱が擦れて傷んでしまうことがあるので、その時は幅が広めのスリングなどを使うといい。あるいは、クロスペグを岩と岩の間に挟み込んで固定し、アンカーとする方法もある。

アスファルトの上でタープを張りたいこともあるだろう。鍛造ペグの中には、アスファルトにも打てるほど頑丈なものもあるが、無理に打ち込むと回収が大変だ。張り綱を車に固定したり、水の入ったタンクや建築現場などで使うガラ袋に石や砂を入れたアンカーを使うといいだろう。

枝を使う

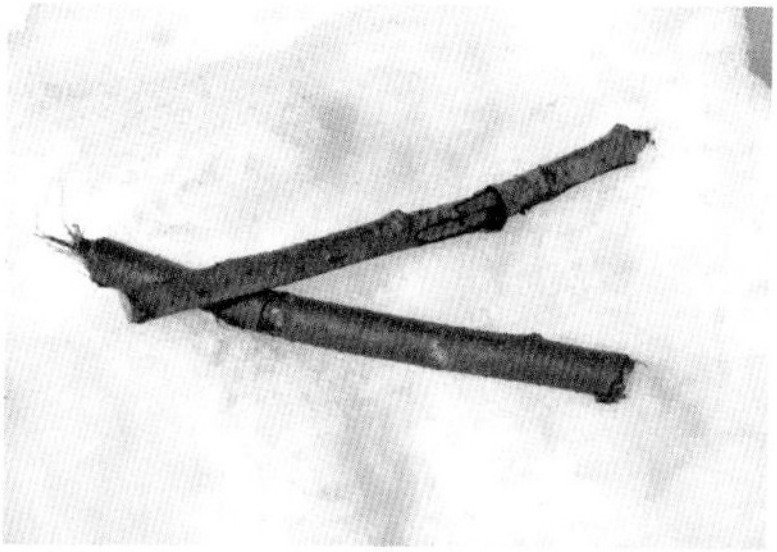

1 適当な太さの枝を用意する。雪質が柔らかい場合は、太めのものを選ぶといい。長さは20〜40cmでいいだろう

2 雪面に、10〜25cmの深さの穴を掘り、用意していた枝を寝かせて入れる。張り綱と直角になるように設置すると、抜けにくくなる

3 2で設置した枝に、長さが調節できるノットか自在金具を付けた張り綱を掛ける。張り綱がたるまない程度に張っておくと作業がしやすい

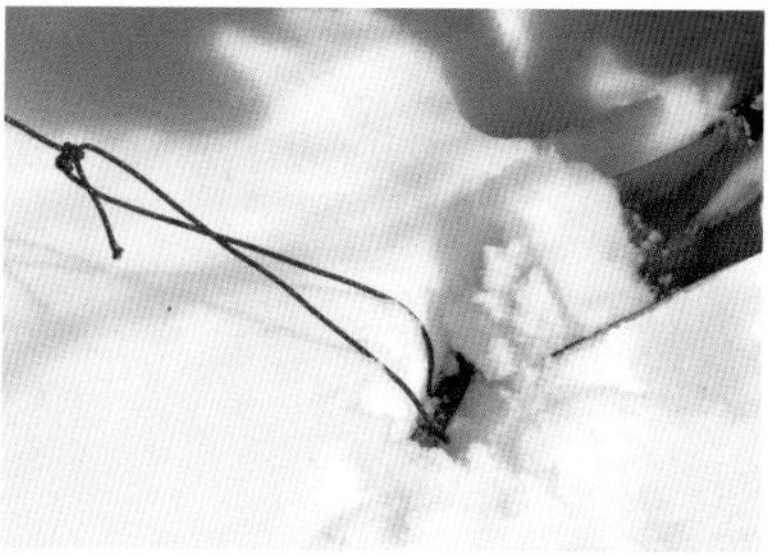

4 張り綱を掛けたら、雪をかけて枝を埋める。張り綱が雪の中でキンクしないようにしながら雪をかけること

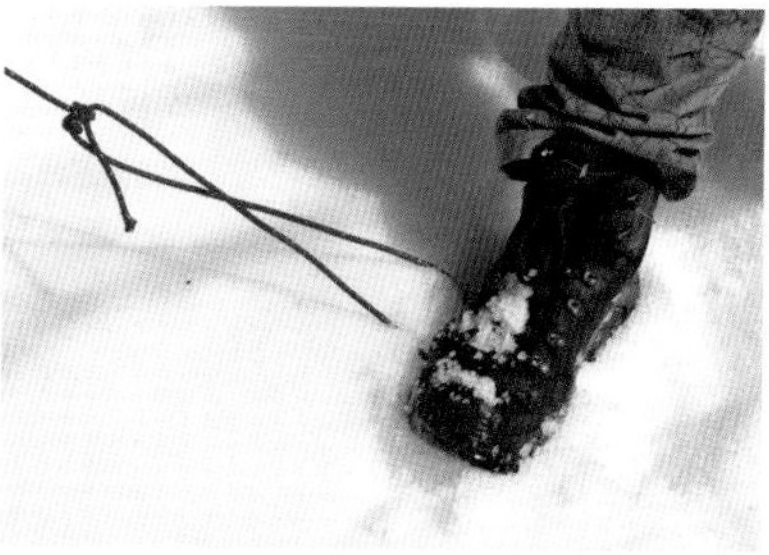

5 少し多めに雪を掛けたら、上から踏み固め圧雪した状態にする。ペグ以外のところもしっかりと踏み固めておくといい

6 雪面をしっかり踏み固めたら、自在を調整し、しっかりと張る。ペグが動いたり抜けたりしてしまうなら、枝の太さや埋める深さを変えて調整しよう

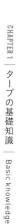

竹ペグを使う

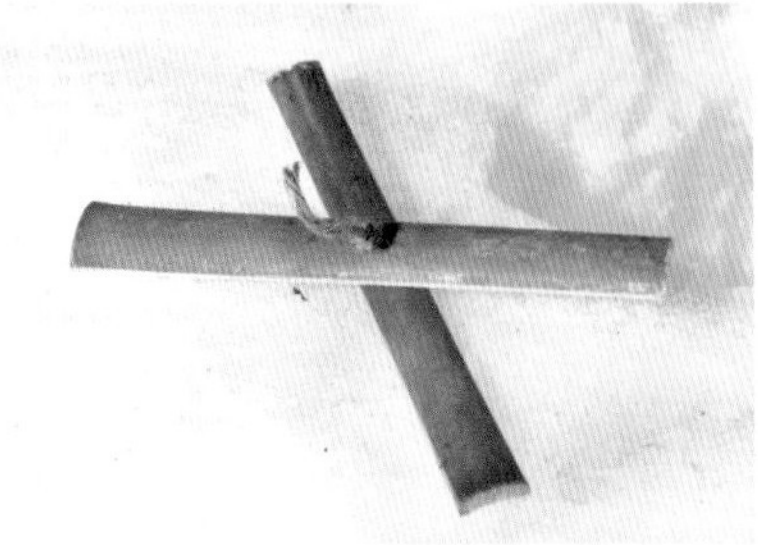

1　竹をクロスさせて作ったクロスペグ。竹を割って穴を開け、麻紐で連結したもので、表面積が広いためかなりの抵抗を生み出す。作り方はp.214-215参照

2　雪面をスコップで掘る。竹ペグが3のように斜めに入るように掘る。深さは20～30cmで、ペグのサイズに合わせて掘り下げる

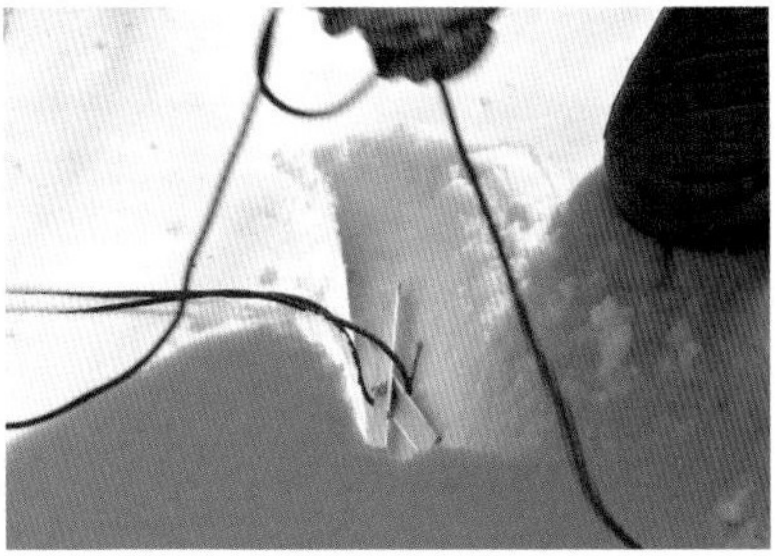

3　1の竹ペグを写真のように設置し、張り綱を掛ける。この時、ペグのクロスが閉じないように注意する

4　雪を少し多めに掛けてしっかり踏み固め、圧雪する。張り綱を張って、ペグが動かないか、雪が割れてこないかを確認する

石に結ぶ

石に張り綱を掛け、たるみを取ったら、その上にもうひとつの石を重石として載せる。テンションを掛けた時に動いてしまうようなら、さらに重石を追加して調整する

袋を使う

1　プラスチックバッグやスタッフバッグに雪を詰める。雪は袋の中でしっかりとつぶし、ひとつの塊になるようにする

2　雪が漏れないように、しっかりと口を結ぶ。口の部分にループができるように折り返してドローコードで留めるといい

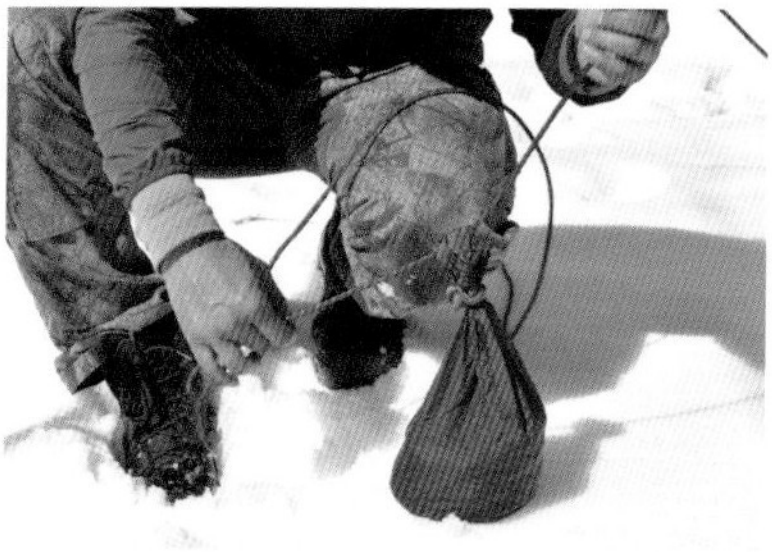

3　2で作ったスタッフバッグの輪に張り綱を通し、自在を設置する。袋の口が開かないように注意しながら作業する

4　袋を雪面に彫った穴に埋めて圧雪したら、張り綱を引いて袋が抜けたり雪が割れてこないかを確かめる

ペットボトルを使う

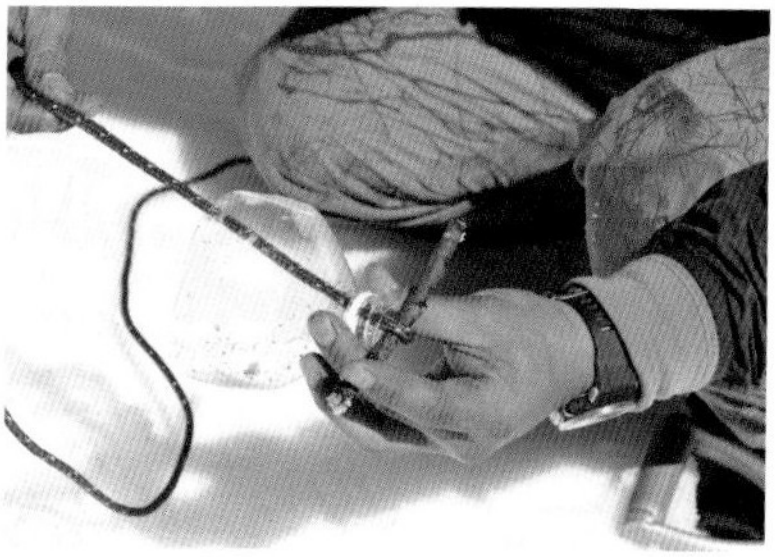

1　2ℓのペットボトルを、口側2/3あたりで切り、写真のように枝を使って張り綱を掛ける

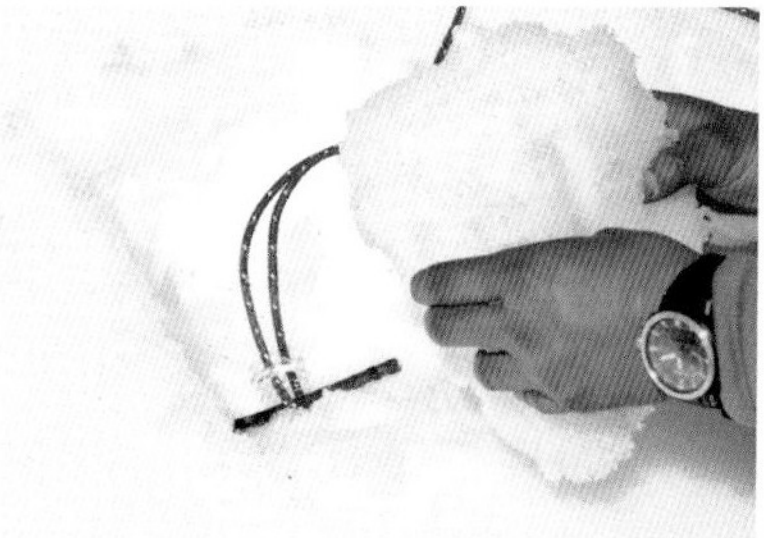

2　ペットボトルに雪を詰め、雪面に掘った穴に埋めて圧雪したら、抜けや動き、雪面の割れがないかを確認する

09 雨風に強いタープの張り方

強いシェルターを作ろう

フレームを持たないタープならではの強みがあるとすると、それはより強い雨風にも対応する張り方ができることではないだろうか？

テントと比べると頼りなく見えるタープだが、実はテントはフレームの強度を超える風が吹いた場合、フレームが破損して幕体の形状を維持できなくなってしまうことがある。一方、タープはフレームが崩壊する心配がなく、張り方によってかなりの強風に耐えることができる。もちろん幕体の強度を超える荒天時の設営は避けるべきだが、タープはテントをしのぐ性能を秘めているのだ。

では、強い風に負けない張り方とはどのようなものかというと、風を受け流すように低く鋭角に張るようにすること。そして、幕の伸びと張り綱の伸びを利用することで、風をいなすような動きをする張り方にする、というのが正解だ。

また、アタッチメントが多く付いたタープを使い、接地する辺でより多くのペグダウンを行うと、地面と幕体をより近付けられ、隙間からの風の侵入を最小限に抑えることができる。

隙間から大量の空気が流れ込むと、飛行機の翼のように浮き上がる力（揚力）が発生し、地面から幕を引き剥がす力が働いてしまう。揚力が働くといくらペグダウンをしていても抜けてしまうので、隙間からの風の侵入を防ぐことはとても重要だ。幕自体を風が地面に押さえ付けるようにイメージしながら設営をするとよいだろう。

また、雨に対してだが、雨天時の漏水の原因は、シーム（縫い目）の劣化と耐水圧限界によるものが多い。この部分の防水性を補強するシームシーリングがしっかりと施されているタープを使用し、雨が幕面を流れ落ちる傾斜を付けて張りさえすれば、耐水圧を超えてしまうことはまずない。

風による雨の吹き込みは多少生じるが、そうした場合は、立ち木などを利用することで、被害を最小限にすることが可能だ。また、雨の跳ね返りによる浸水は、幕体を低く張ることで解消、もしくは軽減できる。

低く張って風の侵入を防ぐ

後ろから風を受け流すように低く張り、アタッチメントを最大限に使い地面との間にすき間が生じないようにペグダウンすれば、耐風性が高い張り方となる

押しつぶされないようにループを木に固定

幕が風を受けて押しつぶされてしまうと、居住空間も狭くなる。これを防ぐには、幕面にあるリフターを使って立ち木などから引っ張ってやるといい

タープの上に張り綱がくるオーバーライン

タープが張り綱に吊られた状態のオーバーライン。この方法は雨天時に有効な方法で、雨が張り綱を伝って幕内に浸入しにくくなる。天気が悪くなりそうな時は、この方法を選ぶといいだろう

アンダーラインとオーバーライン

張り綱を通してタープを設営する時、張り綱の上にタープを掛けるアンダーラインという方法と、張り綱にぶら下げるオーバーラインという方法がある。

一般的なのはタープをラインにパッと掛けるだけで済むアンダーラインの状態のほうではないだろうか？しかし、この状態で張り綱にタープを掛ける場合、張り綱がタープの内側を通過するため、雨が張り綱を伝って幕内に滴り落ちてしまうことがある。

張り綱はタープの重さやペグダウンによって、支点となるポールの頂点より低い位置になることがほとんどだ。そのため、ラインに付着した雨が低いほうへと流れ、幕内に侵入するのだ。

一方、オーバーラインの状態であれば、張り綱がタープの上を通過するため、タープ内に水が滴り落ちることは少ない。また、アンダーラインでは使用できなかった幕の中央付近にある部分のア

アンダーラインは雨が入りやすい

タープの下を張り綱が通っているのがアンダーライン。特に、写真のように張り綱のテンションが弱くたるんでいると、雨水の侵入がより多くなる。ただ、張り綱全体で幕を支えるので、タープへの負荷は小さい

タッチメントにも固定が可能になるので、風に対する強度も上がる。

このことから、アンダーラインによる設営は、雨天時には避けたほうがいいということになる。また、湿度が高く幕内が結露するようなことがある場合も、張り綱に水分が集まり滴り落ちることがあるので同様にアンダーラインは適していない。

しかし、幕自体を支える部分が、アンダーラインは張り綱が接しているところ全体だったのに対し、オーバーラインはアタッチメントのみとなり、そこは幕自体の強度に頼るしかなくなってしまう。よって、降雪時など、幕に重さが掛かるような場合は、幕を張り綱で下から支えるアンダーラインを選択し、タープへの負荷を軽減するようにしたい。雪は雨とは違い、よほど気温が高くない限り、滴が伝わってくることはない。また、オーバーラインで設営した場合、水分と低温でラインが凍り、リフターと貼り付いてしまうことがある。

両方の方法の短所と長所を知り、状況に合わせて的確に使い分けるようにしたい。

いいシワと悪いシワ

タープを張ったことがある人なら誰でも経験があると思うが、ペグダウンの際にタープにシワが入ってしまうことがある。

同じシワでも、幕を張ったことでできる縦ジワであれば問題ない。気を付けなければいけないのは、U字形にたわんでいるようなシワだ。

雨天時、タープの生地の耐水圧を超えて幕内に水が浸入してくる場合、そのほとんどはこのU字型のシワが原因だ。幕に降った雨は、シワがない部分はそこにとどまることなく流れ落ち地面に向かうが、U字型のシワがあるとそこに溜まり、いずれタープに浸透してしまう。これが漏水につながるのだ。

タープの防水性能を最大限使い切るには、シワがない状態で張ることが一番いい。しかし、生地は引っ張られたり、水分を含んだりした時にも伸びる。そのため、最初はしっかり張ったつもりでも、時間の経過とともにシワができてしまうことがある。

では、どうしたらしっかり張っている状態を維持できるのか。その答えは、自在を付けて容易に張り綱のテンションをいつでも簡単に変えられるようにすること、そして、ペグダウン時に対角線でしっかりバランスを取り、タープ全体に歪みがないよう張ることである。

タープは、テントのように立体的な形を作り固定するためのフレームを持っていない。その役割を果たすのは、ロープやペグである。

テントのフレームは、ほとんどのものがクロス状にして対角線に入っている。それと同様に、タープもペグダウンする際にタープを引く方向は対角線に沿ってまっすぐ引くことを心掛ける。

シワができないように張るためには、慣れは必要だが、これができるようになると、タープ泊が格段に快適になるはず。まずは、シンプルな張り方で練習するといいだろう。それでできるようになれば、複雑な張り方をしても応用が利くようになる。

雨道ができているのが「いいシワ」

同じシワでもあっていいものと悪いものがある。このように、幕にテンションが掛かることでできている縦ジワは、雨道となって水滴が流れ落ちてくれるので問題ない

雨が溜まる「悪いシワ」

幕にテンションがうまく掛かっておらず、ダルンとしているようなシワはよくない。このたるみに雨水が溜まり、いずれは幕内に漏れてきてしまうからだ

「悪いシワ」を作らないペグ止めの位置と順序

タープを張る際、四方の角にペグダウンをするが、その時縦にシワが寄ることがある。そのシワが直線的であればいいのだが、湾曲し緩やかなカーブを描くようになっている場合は、その部分にテンションが掛かっていない。タープがしっかりと引けていないわけだ。タープを張る時は、対角線でしっかりと調整をし、左右が同じ角度でペグダウンされているかもしっかりと確認するといい

張り綱の張り方のコツ

張り綱もペグダウンと同じ考え方でいいのだが、ポールが介在するとわかりにくくなる。ポールに二股に分かれたダブルラインを使用する場合は、左右に開いたラインが均等な長さになるようにし、向かい合ったポールとねじれないように確認する。また最終の調整も、ペグ同様に対角で行うといい。また、ダブルラインを広く開くようにして設営すると、バランスが取りやすく安定する

10 タープのレイアウトを考える

焚き火と寝床の距離は70㎝くらい

タープ泊の場合、中に大きなグランドシートを敷かなければ、地面が見えた状態で靴のまま過ごすことができる。快適な居住空間を作り出すうえでまずポイントとなるのは、焚き火を利用できる環境にあるかどうか。焚き火ができるのであれば、寝床を焚き火から70㎝ほど離した場所に設置するのが基本のレイアウトとなる。

さらに、焚き火の裏手がオープンになってしまうので、熱を反射するファイヤーリフレクターやサイドリフレクターを用意すると焚き火の熱を無駄なく利用でき、より暖かくなる。

もしキャンピングチェアなどを使う場合は、寝床を奥側にずらしてスペースを開け、チェアを置くようにするといい。こうして焚き火と寝床の距離を一定に保つことが大切だ。

焚き火の輻射熱を利用しない、もしくはできない環境下では、居住空間とプライベート空間の充実を図るといいだろう。晴天時であれば、テーブルやイスを外に出してオープンスペースを楽しむのもいいだろう。また、タープ内にソロテーブルなどを持ち込みグランドシートを敷けば、快適なお座敷空間も作り上げられる。雪上キャンプであれば、雪を掘り下げてイスやテーブル、ベッドなどを製作することができる。

アイテム類を整理しておくことも大切。焚き火をする時は、作業がスムーズにできるよう、薪や調理道具などのアイテムは用途別に場所を決め、まとめて置くように心掛けたい。

タープ内では、使用頻度に合わせ行動中に使うものはスタッキングし、夜間や食事時に使うものは入口や寝床周りに配置。雨天時の就寝の際にブーツを脱ぐ時は、焚き火の有無を問わず入り口ではなく奥側に置くようにすると濡れずに済む。

また、タープはフロアがないので、地面に直接物を置く機会が多い。作業時に踏んで埋まってしまったり壊してしまうことがないように、ポーチにまとめて収納したり、地面に刺した枝に吊るしたりしたほうがいいだろう。

ソロキャンプのレイアウト例

ソロキャンプは、寝床を中心に考えるといい。寝床と焚き火との距離は75cm以上、120cm以内くらいがちょうどいい。細かいアイテムは地面に直接置かないようにすること

ファミリーキャンプのレイアウト例

ファミリーキャンプでは、タープは日除けやダイニングの屋根として活用する。煙の多く上がる火器を使用する場合はタープの外に設置したほうが快適だ。テントに近付けて設営すると広い土間ができる

11 快適な空間を作る方法

形を変えて プライベート感アップ

これはフル・クローズ(p.184)という張り方。片側をペグダウンせず、張り綱で高く上げた庇の状態だと、開放的で焚き火も楽しめる。しかし、上げていた庇をペグダウンするとプライベート感ある空間ができる

状況に応じて形を変える 張り方を覚える

タープ泊をする時には、状況によって適したタープの形が変わってくる。

例えば、冬に焚き火をする時は、一方がオープンになっていて、熱をタープ内に取り込めるようになっているといいし、眠る時は四方に壁を作り、プライベート空間ができるとありがたい。また、雨が降ったら、それを防ぐ屋根や壁がなくてはならない。そのほか、時刻によって風向きが変わったり、日差しの強さや向きが変わったりした時にも、望む形は変わる。

状況に合わせ、さまざまな形で張れるというのはタープの最大の魅力。しかし、何かあるたびに一からタープを張り直すわけにもいかないだろう。そうした時に便利なのが、素早く簡単に形を変えることができる、可変型の張り方である。3章でそのいくつかを紹介しているので、ぜひマスターして欲しい。

棒を立てて天井を高くする

適度な長さにカットした枝や木を、タープの壁面やリッジラインに入れ、空間を押し広げるようにする。トレッキングポールなど、その場にあるもので臨機応変に対応したい

リッジラインのリフターをうまく使ってリフトアップ

外にポールを追加して、リッジラインのリフターに連結し屋根を引き上げると、タープ内部の空間が拡大する。自転車やバイク、立ち木でも代用が可能だ

天井を高くして居住性を高める

タープは変幻自在に空間を拡張できる野営道具。室内の高さを上げたり、２枚連結して空間を拡張したりと、アイデア次第で快適さを追求できる。

空間を拡張するためには、リッジライン（尾根）で引き上げられない部分に張り綱やポールを追加して天井の高さを上げる。また、ペグダウンしていた部分にポールを使いサイドを開けると、作業スペースや居住空間を拡張できる。

ポールは写真のような枝でも、市販のポール、トレッキングポールでもいい。また、オートバイや自転車などに結んで外側から引っ張ることも可能だ。枝など自然のものを利用する際は、タープを傷つけないようにバンダナやスタッフバッグを被せるか、ナイフで丸く加工するといいだろう。

タープは拡張したい部分を任意で拡張ができる。そうした魅力を最大限に生かして活用することで、フィールドでの快適さは増す。こうした拡張術は悪天候時でも有効な手段である。

CHAPTER 2

ロープワーク

Rope work

01 ロープの種類

最適なロープを選ぶ

タープを設営するのに使われるロープ類は、張り綱、細引き、ガイラインなどと呼ばれており、さまざまな種類や太さがある。比較的安価なナイロン製のものやポリエステル製のもの、ダイニーマという高強度素材を使ったもの、パラシュートに使われるパラコードなどがよく使われているが、安価なビニール紐や麻縄も役立つ。

テント用やタープ用に設計されているものは、強度が高く、対荷重が表記されているものも多いが、中にはただパラコードと謳っているだけの商品もあるので気をつけたい。本物のパラコードは、強度が高いのはもちろんだが、柔軟性があってよく締まる一方で、外皮の滑りがよくほどきやすいという特長があり、私もこれを使うことが多い。

タープ用の張り綱やパラコードの場合、必要な太さは、よほど大きなタープを使うのでなければ3～6㎜程度あれば十分だ。それ以上太いとノット部分がかさばり、かえって設営しづらくなってしまう場合が多い。また、リフレクター（反射材）や蓄光剤が入っていて、夜間でも見やすいコードなどもリリースされているので、キャンプ場などで使うならそういったタイプを選んでもいいだろう。

麻素材のものを使う時には、紐ではなく縄と呼ばれる太めのものにしたい。麻縄のような天然素材のものは、長さを出すための結び目や合わせ目があるため、その部分の強度が著しく落ちることがある。また、キンク（よじれ）が生じたままの状態で強い力で引くと、容易に破断する。強風時など、負荷が大きくかかる時は避けるべき素材である。

実は安価で強度にも優れているのが、コンビニでも手に入る白いビニール紐。テープ状のものではなく、よられて紐になっているものの方がコシがあり使いやすい。麻縄同様にキンクに弱いが、ある程度の距離を保てば焚き火の熱で焼き切れることは少なく、溶けて伸びる程度で済む。軽量で水に浮く、白く夜間の視認性が高いという点から、災害用に備えておいてもいいだろう。

ロープは、素材や太さなど、それぞれの特性をよく理解し、状況に応じた使い方ができるようになることが大切。ロープの素材によって、相性のいい、悪いノットもあるので、ロープごとに使うノットを変えることもある

02 ロープの末端処理

ほつれ防止のために

ロープは、末端が切りっ放しの状態だと、ほつれたりばらけたりして性能が落ち、寿命が短くなるし、ほつれた状態では作業もしにくい。そこで必要になるのが、ロープの末端をまとめる作業だ。ロープ購入時にすでに処理されていることもあるが、使い勝手のいい長さに切る時に必要な作業となるので、ぜひ身につけておきたい。

パラコードのように外皮があるものは、切ったままだと中の芯材と外皮がずれてしまうので、熱処理を行って外皮と芯材を結合させる。

方法は、ロープの切り口をロウソクやライターであぶり、溶けたら指で軽く押さえればＯＫ。ナイロン製の芯材は熱を加えると団子状に膨らむので、指先でロープを転がすようにして形を整える。

麻縄など熱処理に向かない天然素材は、ビニールテープやセロハンテープを末端に巻いてヨリがほどけないようにする。ちなみに、巻くテープの色をロープの両端で変えると、作業時にどちらの末端なのか確認しやすくなる。また、細いヨリ紐はテープが巻きづらいので、片結びなどで結び目を作っておく。

テープのベタつきが気になるなら、熱収縮チューブで末端を包み込む方法もある。熱収縮チューブは熱を加えると収縮するチューブで、ホームセンターでも売っている。熱するのに使うのはライターやガスバーナー、ドライヤー、ヒートガンなど。ナイロンロープの場合は、先にライン自体の熱処理を済ませた後にチューブの処理をしたほうがいい。また、熱収縮チューブは、ラインが痩せるとズレて抜けてしまうことがあるので気を付けたい。

火を使って末端処理を行う際には、革手袋などを着用して火傷しないようにする。溶けたナイロンが指に張り付いてしまうこともあるので気を付けたい。私の場合、手の皮が厚く硬くなってしまっているので着用しないことが多いが、それは例外だろう。また、ロープまで強く熱してしまうとロープの性能が落ちる場合もあるので、くれぐれも注意してもらいたい。

末端を結んで処理

天然素材のヨリ紐を切ると、そこからヨリが戻ってしまう。これを防ぐには、自宅であればテープで巻いたり熱収縮チューブを使ったりするのがいいが、アウトドアなら結ぶのが手っ取り早い

末端を焼いて処理

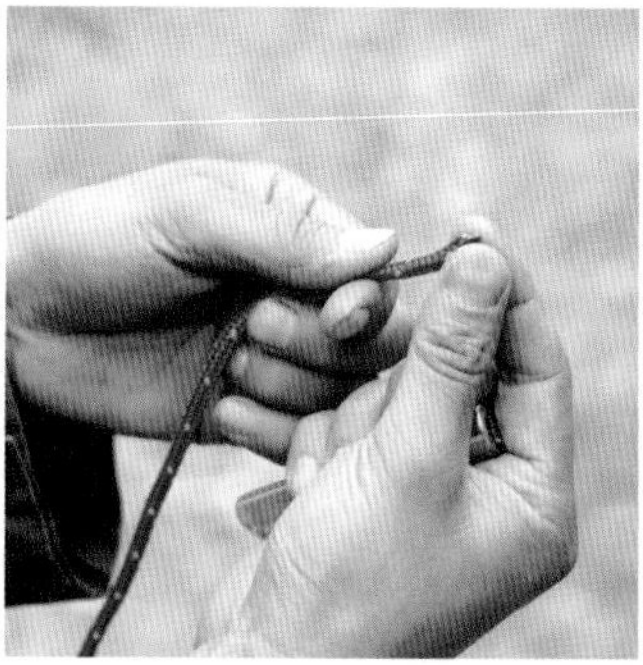

ナイロンやポリエステル製のロープは、切った末端をライターや焚き火であぶって溶かしたところを冷めないうちに指でまとめて整形する。写真は素手で行っているが、火傷をすることもあるので、グローブを着用しよう

03 自在金具を使いこなす

張り具合が自由自在

自在金具は、ラインに取り付けて使用すると、テンションが掛かった時は固定されるが、抜けた時には自由にスライドさせることができ、長さが調節できるアイテム。トートライン・ヒッチ（P82）をしなくても張り具合が調節でき便利だ。

金具といっても素材はいろいろ。主流は樹脂製や金属製で、夜間に見えやすい反射材や蓄光材が入っているものもある。形状も2つ穴のものや3つ穴のものがある。穴のサイズによって適したラインの径があり、それより細すぎても太すぎてもうまく作用しない。そして、もちろん穴に間違った形で張り綱を通しても作用しない。シンプルな形状だが意外と使い方で悩むことがあるので、しっかり覚えておこう。

変わり種として、山岳テントタイプというのもある。これは軽量化が図られたタイプで、引く力が加わるとロックされる仕組み。径2㎜程度の細い張り綱に対応している。

種類はいろいろ

自在金具の素材や形状はいろいろ。使用するラインの太さや強度に合わせて選ぶ。タープと張り綱がセットになっているものは、たいてい自在金具が付属しているので、それを使えばいい

2穴タイプ

もっともメジャーな形状の自在金具。タープとセットになっているものは、ほとんどがこれだろう。ボディが湾曲しているので、向きを間違えないようにセットする

3穴タイプ

山岳用のテントでよく使われる3つ穴タイプ。2穴に比べ摩擦力が大きく、細いラインでも保持力が高い。ラインの通し方が少し複雑だが、正しくセットすること

山岳テントタイプ

軽量化が進む山岳テントで主流になりつつあるタイプ。軽量・コンパクトなプラスチック製で、細いラインでも高い保持力が得られる。
蓄光素材のものもある

04 ロープの視認性

「見える」ロープが安全だ

フィールドでタープを設営した時にラインの高さが顔や首あたりにあると、作業中や移動中に引っ掛かってしまうことがある。森の中や河原など、自然の風景の中では意外と張り綱は見えにくいのである。

ましてや、作業に夢中になっていたり、夜間だったりするとなおさら見えにくく、張り綱に足や体を引っ掛けてせっかく設営したタープを倒してしまったり、転倒してケガをしてしまったりすることもある。最悪なのは、焚き火の上にタープを倒して燃やしてしまうことだろう。

また、タープを設営した本人であれば、張り綱の位置を理解しているとは思うが、それ以外の人はどこにどのように張り綱が張られているのかがわからない。キャンプに慣れていない子供がいると、たいてい一度は引っ掛かるものだ。人が多いキャンプ場などでは、自分だけでなく他人が引っ掛からないようにする配慮も必要となる。

そのために大事なのは、ラインの視認性を高めることである。まず色だが、ラインにはカラーバリエーションがたくさんあるので、目立つものを選びたい。グリーンやカーキなど、ナチュラル形のカラーは当然自然に馴染みやすく、見た目にはいいのかもしれないが、視認性という面からするとあまりよろしくない。また、地面や背景と同色系のものだと、置き忘れたりすることも多くなる。安全性や利便性を考えると、発色性の高いものを選ぶのがいいということになる。

また、昼間はよく見える色だとしても、暗くなってしまうとライトを点けてもほとんど見えないことが多い。夜間のことを考えると、ライトの光を反射する反射材や、暗闇でも光る蓄光材が入ったものを選ぶのがベストだろう。

もしそういった素材のものがなく、現場で視認性を高めたいというのであれば、ロープに等間隔で白いビニール紐を結び付けておくという方法もある。コンビニでも売っている安価な白いビニール紐は、夜間でも意外と目立つのだ。

色や素材で周囲への馴染み方が変わる

視認性がいい色は、砂地、森の中、雪上など、使うフィールドによって違うし、季節によっても変わってくる。また、テントやタープとは同色でないほうがいい

視認性が高いロープ

視認性が高いロープとは、基本的には赤や黄色のエマージェンシーカラー。リフレクター（反射材）や蓄光剤が含まれているものならなおいい。自然に溶け込むようなナチュラルカラーは、フィールドの中では見えにくい

視認性を高める方法

明るい時間は視認性の高いラインでも、夜間になると見えなくなってしまうことは多い。こうした場合はビニール紐などを等間隔に結び付けて、視認性を上げるといい

05 さまざまなロープワーク

結びの適材適所

いろいろなタイプの結びを覚えよう

ここからは、タープワークで役立つ結びを紹介していこう。ロープの結び方にはたくさんの種類があるが、その中から使用するシーンやロープの種類に合わせて最適なものを使い分けられるようにしなければならない。ロープワークは、タープスキルにとって非常に重要な役割を果たすので、どんな状況でも確実に素早くロープを操ることができるよう、日ごろから練習しておこう

クローブ・ヒッチ

Clove Hitch

[立ち木やポールにロープを留める]

立ち木に固定したりする時に使用。結ぶのが簡単だが保持力が高く、ほどくのも簡単。どんなロープワークの解説書にも載っているメジャーな結びだ

1 まず、結びたいものの後ろを通したら、元側のラインの上に先端側のラインをクロスさせる

2 作った重なりをキープしたまま、先端側をもう一周回して、クロスした部分の下に差し込むようにする

3 元側と先端側が逆に向く方向で両端を引っ張って締め込む

ティンバー・ヒッチ

Timber Hitch

［立ち木やポールにロープを留める］

別名ボウヤーズ・ノットといい、弓の弦を張る時にも使われている結び方。巻きつけるだけでいいので、結ぶのもほどくのも簡単で、強度にも優れている

1 先端側を結びたいものの後ろに通し、元側とクロスさせる。先端側は15cmほど残っているといい

2 元側のラインを軸に、先端側を折り返す。写真のように内側に折り返すようにすると、締めた時に摩擦が生じやすい

3 折り返したら、先端側をクルクルと巻き付けていく。この時ラインがきれいに並ぶようにすること。巻く回数は4〜6周

4 巻き目を整えたら、巻く対象にしっかり当たるように締めていく。接触する面積が広いほど、摩擦が大きくほどけにくくなる

クロスオーバー・ティンバー・ヒッチ

Crossover Timber Hitch

［立ち木やポールにロープを留める］

これは私オリジナルの結び方。摩擦する部分を増やすことで巻きの戻りを抑える結びで、通常のティンバー・ヒッチでは摩擦力が得にくい時に使用すると効果的だ

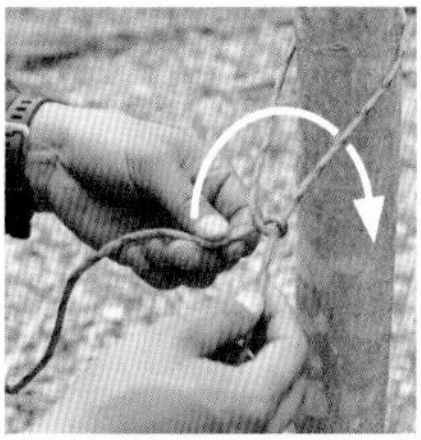

1 通常のティンバー・ヒッチと同じように、先端側を元側とクロスさせて折り返す

2 先端側を再度折り返して元側の下をくぐらせ、先端側にまた折り返す

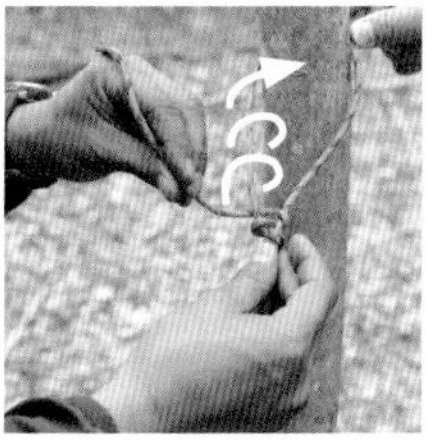

3 通常のティンバー・ヒッチと同様に、先端側を巻き付けていく。回数は4〜6周

4 巻き付けたら、巻き目を整える。最初にくぐらせた部分をしっかり締めること

5 輪を縮め、立ち木に沿わせて締める。立ち木との間にすき間ができないように

フィギュア・エイト・ノット

Figure Eight Knot

[ロープを二股にする／輪を作る]

この結びは頑丈でほどけにくく、クライミングシーンでも多用される。ダブルラインにして、二股を作る時やループ(輪) を作る時に用いる

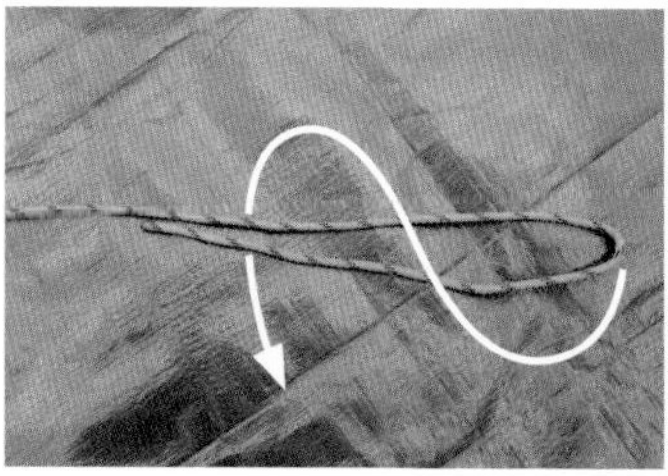

1 ラインを二つ折りにして、できた頂点を元側のラインの下側に通して巻き付ける

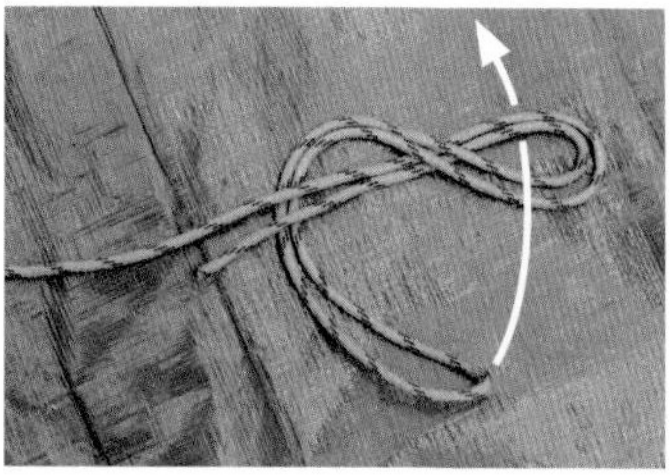

2 巻き付けたら、頂点を最初にできた輪の中に通す

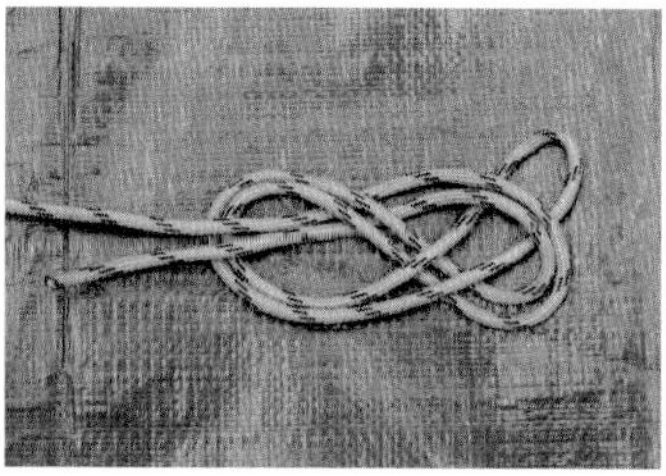

3 これで8の字の形ができる。2本のラインがきれいに並ぶように整えながら、ゆっくりと締める

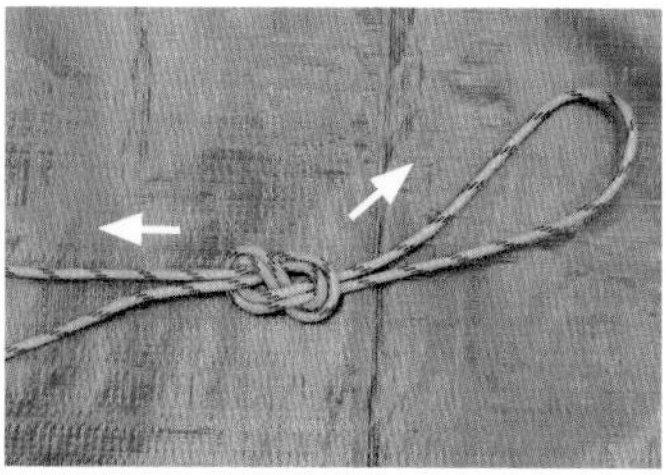

4 ラインの重なりを整えながらきつく締め込む。ラインの重なりがあると強度が下がる

フォリー・ロック・ノット

Holly Lock Knot

［立ち木やポールにロープを留める］

私オリジナルの結び方である。素早く結べて、リリースも枝を手前に引くだけと簡単。野営時に急激な天候変化などが起きても、速やかに撤収できる

1　まず、先端側を固定したいものの後ろに通し、写真のように交差させる。ティンバー・ヒッチと同じ要領だ

2　巻き付けた先端側と元側で輪を作り、その中に先端側を通す。写真のように、輪の下から通すようにすること

3 2で通したラインを、手元の輪にくぐらせる。この輪はきつくは締め上げない。通したラインが抜けない程度でいい

4 元側のラインをグイッと手応えがあるまで引くと、写真のように輪が重なるように締まる。引く時はゆっくりやさしく

5 指で元側のラインをつまみ上げ、できた輪に小枝を通す。この時、必ず元側のラインが上にくるように通していく

6 写真の手を添えている部分を、立ち木側に押しながら元側のラインを引くと、立ち木に回した部分を締めることができる

7 きつく締める。これで手を離しても緩まないが、反対に固く締まることはないし、枝を折るような力も掛からない

ほどく時は枝を引く

固く閉まらないので枝の両側に指を掛けて手前側に引けば、スルリとほどける

EZロック・ヒッチ

EZ Lock Hitch

[長さを調節できる“自在機能”を持つ結び]

トートライン・ヒッチ(p.82)のように結び目を動かすことで長さが調節できる、私オリジナルの結び。結びが1ヵ所で、緩めるのも締めるのも簡単なので、ぜひ活用して欲しい

1 ロープを二つ折りにする。この二つ折りから先端の部分で立ち木やポールを巻くので、それだけの長さを取っておくこと

2 二つ折りにした部分を、先端側で巻くように前から回して輪を作り、先端側を引き解け結びのようにループを作って通す

3 二つ折りの部分と通したループを引くと、写真のように蝶結びのような輪が2つできる

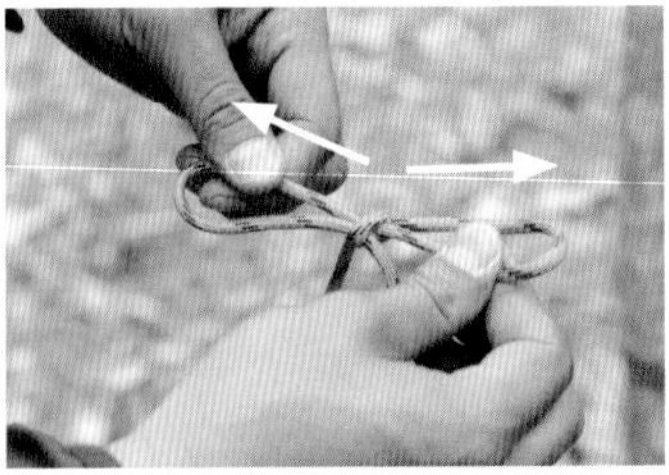

4 3でできた引き解け結び状の輪をしっかりと締める。この締めの作業が、ロックの機能に大きく影響する大切なポイントだ

5 1で二つ折りにした輪を、2、3で作った輪に被せる

6 被せた輪を締めながら、2で巻き付けたロープの下側に並ぶように配置してきつく締める

7 余っている先端側を立ち木やポールに回し、6で作った輪に通す。輪は次のプロセスで締まる

8 通したロープを引くと輪が締まり、張り綱にテンションが掛かる

9 緩めたい時は7で通したロープを立ち木側に引く

ほどく時にはラインを引く

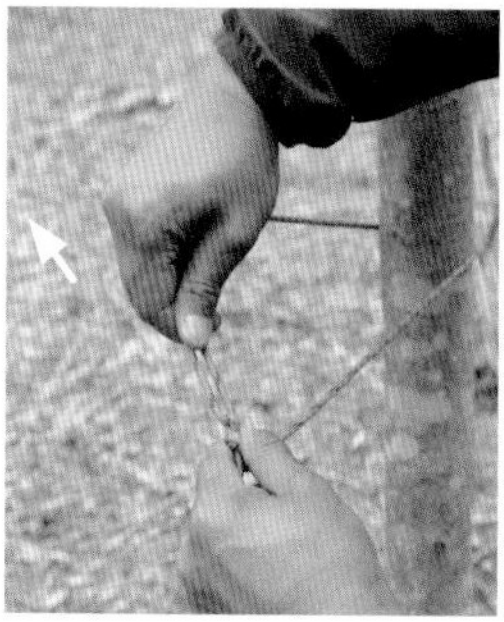

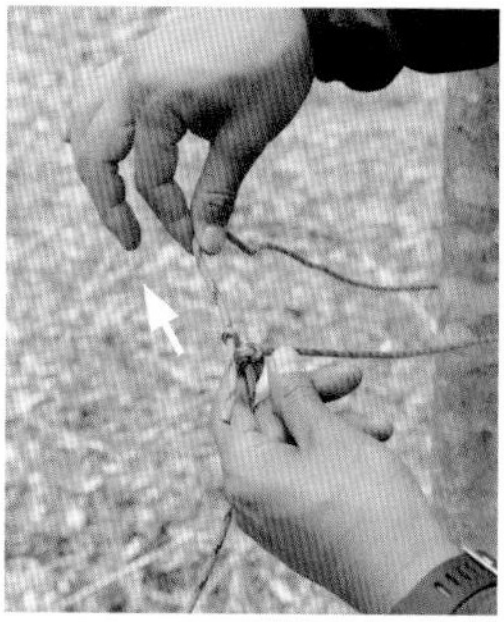

結びをほどく時には7で入れたラインを抜き(写真左、中)、残ったロック部分の両端を左右に引くとすぐほどける(写真右)。撤収時もストレスがない

トートライン・ヒッチ

Taut-Line Hitch

[長さを調節できる“自在機能”を持つ結び]

前ページのEZロック・ヒッチと同様、長さを調整できる結び。これができれば、自在金具がなくてもテンションを調整できるようになる

1 先端側を立ち木やポールに回したら、左右を入れ替えるようにクロスさせる。先端側を上にするといい

2 1でできた輪の中に、先端側を下から通す

3 2の工程を2〜5回繰り返す。結び目同士の幅を20cmほどの等間隔にすること

4 元側のラインに固定して仕上げる。結びはクローブ・ヒッチ(p.74)で十分。それぞれのねじりにテンションが掛かれば、それで緩まない

締める時

木に近い元側のロープを引きながら、結び目の位置を立ち木の逆へずらしていく

緩める時

立ち木側とは逆の結び目から立ち木側に移動させると、緩めることができる

クレムハイスト・ノット

Klemheist Knot

［張り綱上に脱着可能な自在を作る］

摩擦でロックされ、テンションが掛かると動かないが、緩むと自由にスライドさせられる結び。ロープはメインライン（張り綱）より細いものを使うこと

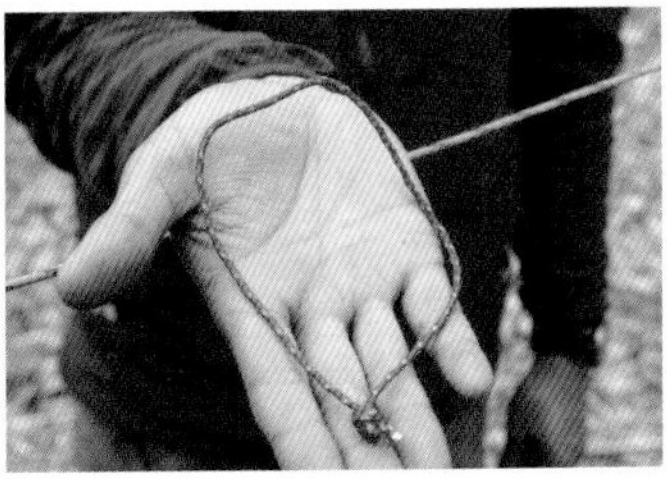

1　3mm径のダイニーマラインを輪にして手のひらほどの大きさにする。結びはフィギュア・エイト・ノットや片結びでもいい

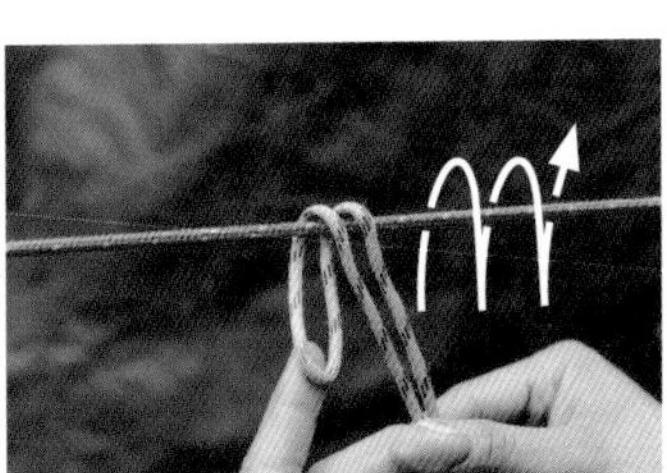

2　結んでいない部分をメインラインに掛けて、結び目側を巻き付ける。クライミングだと結び目の位置をずらすが、この場合はこれでOK

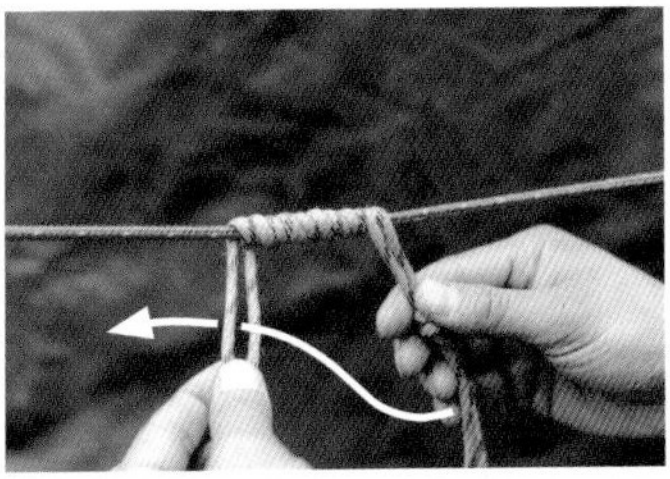

3　巻き付けたラインを**2**でメインラインに掛けた時にできた輪に通す

4　この状態で結び目側を引くとロックされ、動かないようになる。テンションを抜けば、結び目をスライドさせられる

簡易トラッカーズ・ヒッチ

Simple Tracker's Hitch

［長さを調節できる“自在機能”を持つ結び］

カラビナと前ページのクレムハイスト・ノットを使って、簡単に張り具合が調節できるようにした結び。力が弱くても、簡単にラインにテンションが掛けられる

クレムハイスト・ノットを利用

立木に回した先端側をカラビナに結び、メインラインに結んだクレムハイスト・ノットに掛ける。作業は非常に簡単で素早くできる

張り具合は結び目部分を移動させて調整

クレムハイスト・ノットのひねり部分を手で押さえてテンションを抜くと、自由に結び目の位置を動かすことができる。手を離せばロックがかかり、動かないようになる

レイジー・トラッカーズ・ヒッチ

Lazy Tracker's Hitch

［長さを調節できる“自在機能”を持つ結び］

友人でモーラナイフ・インストラクターでもある越山哲さんが開発した結び。素早く確実にテンションを掛けるために、氏の経験と探究心により編み出されたものだ

1 まず、支点を作るために、立ち木に回したラインをクロスする

2 引き解け結びを作る。この時、引き解けの輪は少し長めに出しておくと、後の作業が楽に行える

3 引き解けの輪に、木に回した先端側のラインを二つ折りのループ状にして通す。この段階では、引き解けを絞らないようにする

4 **3**で通した輪に小枝を通して、引き解けを絞りながら、木に密着させるように引き絞る。力がしっかり加わっているか確認しよう

5 小枝を水平にし、締まっているか確認したら、タープのサイドまでラインを伸ばす

6 タープの端から20cmほど離して、引き解け結びを作る。この結びはしっかり締めておく

7 反対側の立ち木に回したラインを、ループ状にして引き解けの輪の中に通していく

8 そのまま引き出して、あらかじめ設置しておいたクレムハイスト・ノットまで伸ばす

9 クレムハイスト・ノットの手前まで折り返したら、引き解け結びを作る。また輪は長め

10 クレムハイスト・ノットの輪に、作った引き解け結びの輪を通す

11 引き解け結びの輪に小枝を挿して、トグルとして噛ませていく

12 完成。トグルを固定するのにひねりを加えているので、写真を見て確認して欲しい

カウ・ヒッチ

Cow Hitch

［ラインアタッチメントなどにロープを結ぶ］

タープのループに張り綱を結ぶ時に使う。同じシーンで使える結びはほかにもたくさんあるが、このようにロープの先端だけ通してサッと結べるノットが使いやすい

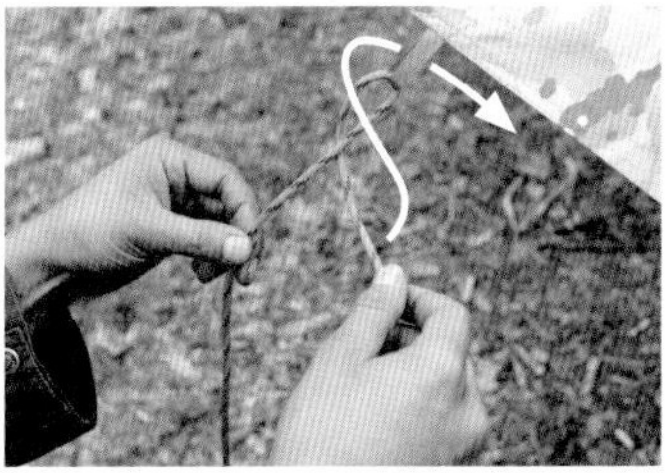

1　アタッチメントに通したラインをクロスし、再びアタッチメントに通す

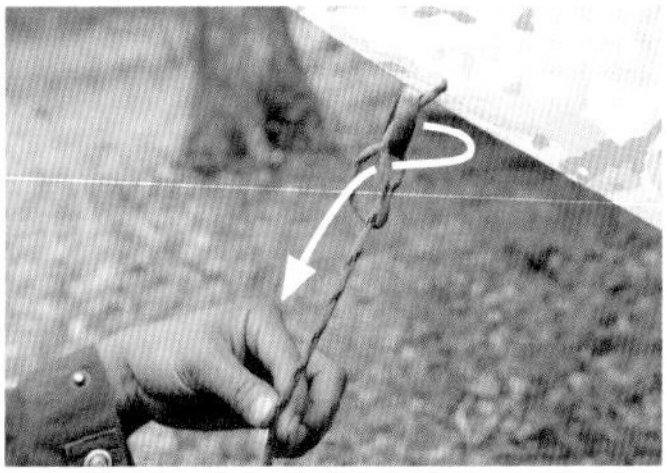

2　1で通したロープを、矢印に沿ってできた輪の中に通す。元側のロープときれいにそろうようにするといい

3　しっかり2本のラインを引き締めて完成。掛かっているテンションを緩めるとほどきやすい

リーフ・ノット

Reef Knot

［ロープとロープをつなぐ］

本結びともいわれ、ロープとロープをつなぐ時に使う。両側からテンションが掛かっていないとほどけやすく、同じ太さ、同じ材質のライン同士を結ぶのに適している

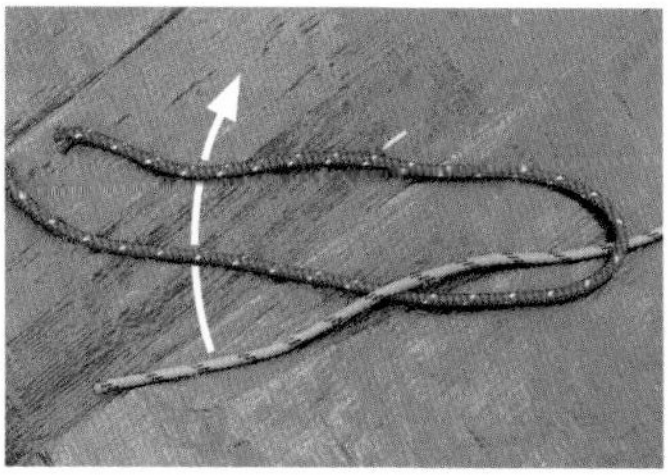

1 2本のラインを並べ、一方のラインを折り返したら、もう一方の先端側を下から潜らせ上に抜く。さらに、矢印のようにロープの下を潜らせる

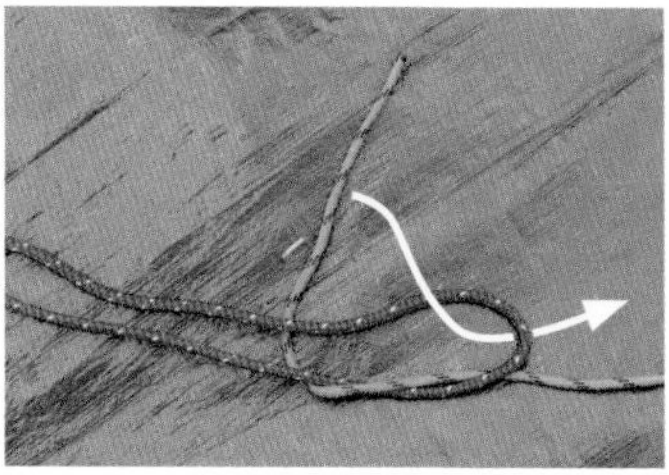

2 1で通したラインを上から下に潜らせるように折り返す。二つ画像のように、折り返した2つの輪が絡み合う状態を作ればいい

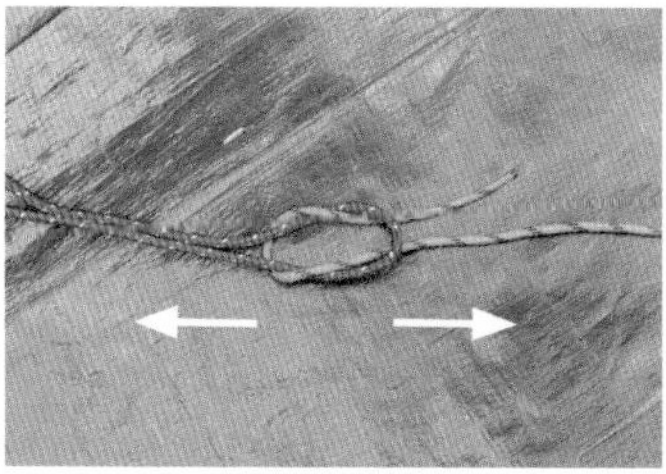

3 両側から引いて輪を締めていく。折り返したラインを含め、左右2本ずつ持って引くようにすること。1本だけだと抜けてしまう

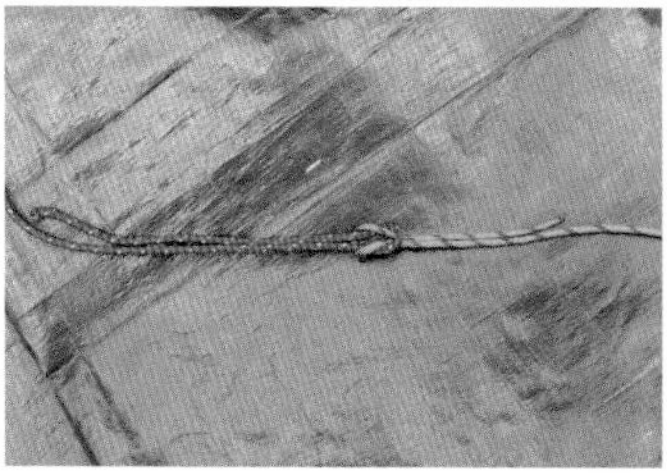

4 きつく締まって結び目が小さくなり、均等に摩擦が生まれる。これで完成だ

ダブル・フィッシャーマンズ・ノット

Double Fisherman's Knot

［ロープとロープをつなぐ］

細いライン同士を強固に結び合わせたいなら、この結び。ライン同士の絡ませ方が乱れると結び目がきれいにならず強度が下がるので注意。また、一度結ぶとほどくのは困難だ

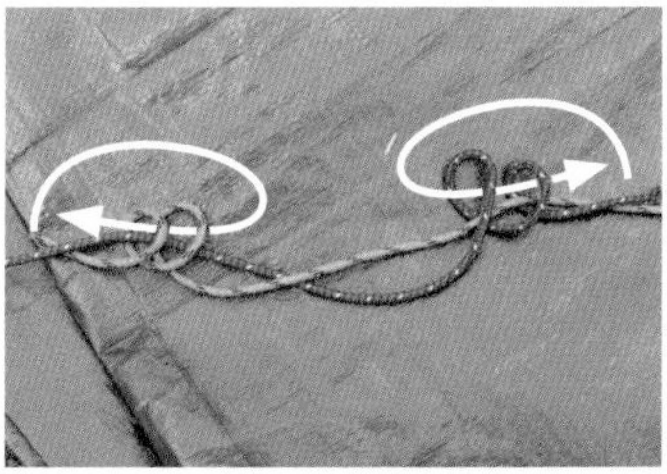

1　2本のラインを向かい合うように並べたら、お互いのロープに絡ませるように2つずつ輪を作る

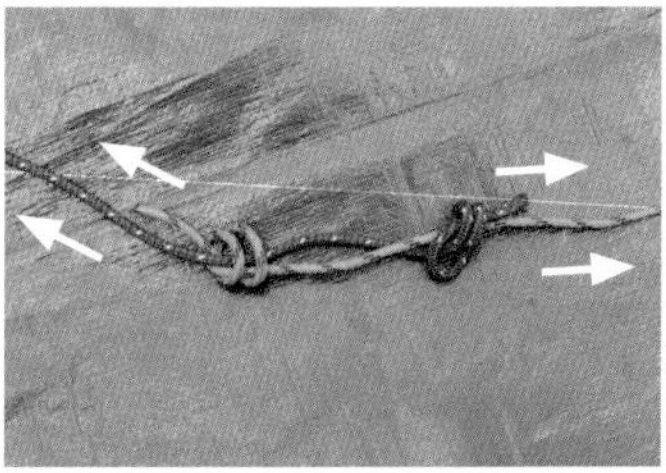

2　1でできた輪に先端を通し、二重の片結びをするようなイメージでラインを引いて締めていくと、結び目が2つできる

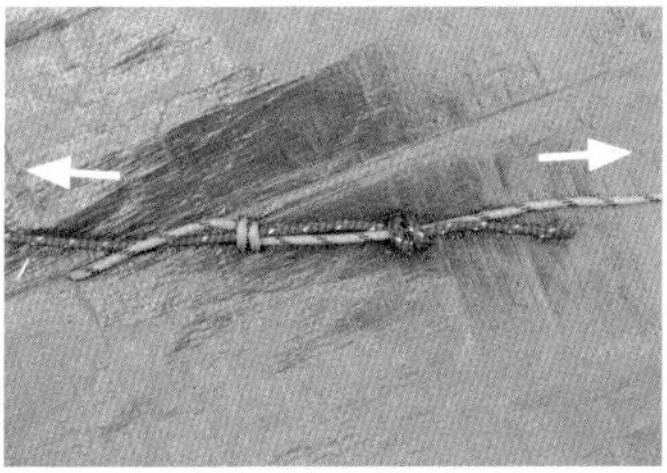

3　結び目がおおよそ締まったら、両方の元側のラインを引いて、結び目同士を近付けていき、互いが合わさって押し合うようにする

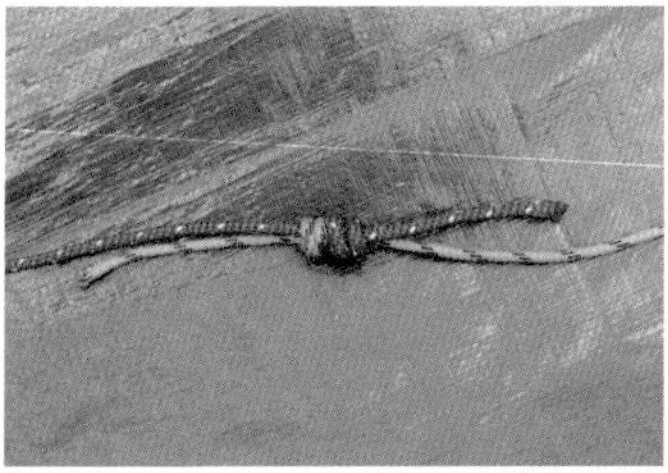

4　しっかりと結び目が締まり切って、ラインが動かないところまで引けば完成。強固に結ばれている

ロープエンドのまとめ方

［ロープの余分をきれいに処理］

タープを張った時に余ったロープがだらしなく垂れ下がっているのを見かけることがあるが、そこまでしっかり処理してこそのタープ術。見栄えよく処理したいものだ

1 ロープの余った部分を、伸ばした指と張られたロープに巻くような感じで掛けていく

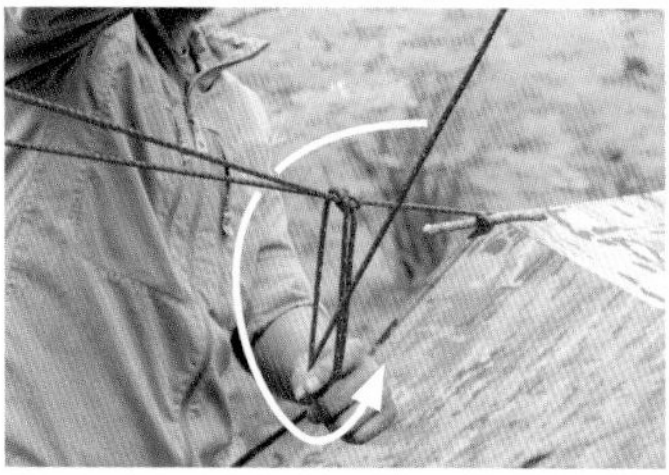

2 左右方向から交互に指にロープを掛けていくと、張ったロープをまたぐようにきれいに余分のロープがまとまる

3 ある程度巻き終わったら、2巻き分ほど残してきれいに整える

4 写真のように張り綱の交互に輪ができるようにすることで、キンクしにくくほどきやすくなる。最後に余分で束ねたら完成だ

ロープのまとめ方

［きれいに束ねて
ほどきやすく］

ロープ類を束ねた時、持ち運んでいるうちにバラけてしまったり、ほどく際に絡んでしまったりすることがある。そんなストレスから解放されるのが、このまとめ方

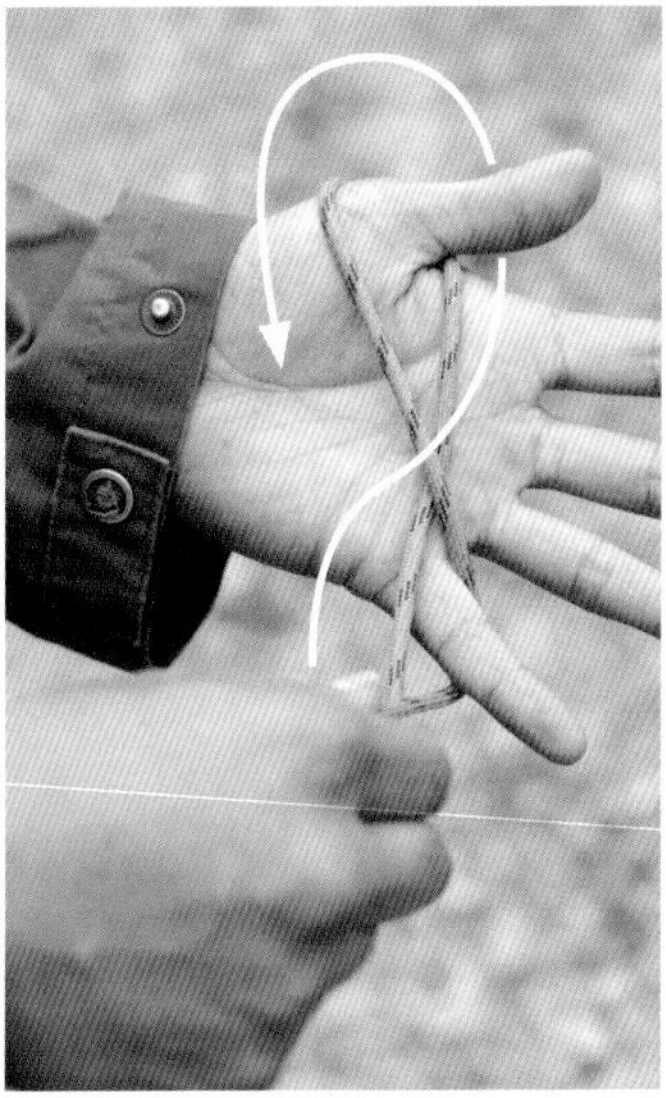

1 手のひらを開き、親指と小指に8の字を描くようにラインを巻いていく。始点は親指に挟み押さえておけば、3巻き程度で離しても大丈夫だ

2 8の字に巻く作業を繰り返し続ける。途中で手のひらが閉じてしまわないように、広げた状態をキープしておくこと

長いロープはヒジを使う

ロープが長いと手のひらでは束ねきれない。こうした場合は、ヒジと親指を使って大きな8の字を描くように巻いていくとうまくいく

絡まずほどける

ほかの結び方だと、ほどこうと端を引っ張ったら絡まってほどけないということもあるが、このまとめ方であれば絡まずスルスルとほどける

3 巻き数が多くなってきた時に、指先を下に向けないように注意。せっかく巻いたロープが落ちてしまうことがある

4 3〜4巻き分残るくらいまで巻き終えたら、今度は全体を束ねるように巻き付けていく。長いロープは巻き付ける量も多くなる

5 末端を巻いたラインに挟んで留めれば完成だ

ポールにロープを巻く

[ポールを中継地点として使う時]

この結びは、ポールを中継地点としてロープを巻いた時に、ポールが回転してしまわないようにするための方法だ。これで作業効率を上げることができる

1 ポールにラインを1周巻き付ける。先端側が上にくるように、しっかりと巻き付けること

2 先端側を下にするようにクロスさせて上から掛ける。ポールの上端まで距離がある場合は、写真のように巻き付ける

3 先端側を強く引けば完成である。ほどけないわけではなく、回転しない巻き付け方と考える

高さ調節がしやすい

固く結んでしまっているわけではないので、結び目を持ってスライドさせれば、高さ調整が容易に行える。庇の高さを調整する時などにこの結びを使うと便利だ

石でリフトアップ

[アタッチメントの代用方法]

幕面に付いているアタッチメントは便利だが、望む場所に付いていないことがある。そうした場合は、幕面で小石を包んでコブを作り、ラインを結べばアタッチメント代わりになる

トグル留め

[張り綱にタープを留める]

張り綱にタープを固定する時、しっかり結んでしまうと撤収が大変。このように枝を使って留めれば、設置時も撤収時もスピーディーにできる。位置の調整もしやすい

1 ループにラインを通す。枝が入る程度引き出せればいい。この作業は、ラインを完全に張る前に済ませよう

2 指の太さほどの枝を刺して、摩擦を生み出すようにする。これだけで十分なテンションを得られるし、小枝が折れることもない

CHAPTER 3

タープの張り方

How to set up a tarp

01 ウィンド・シェッド・ウェッジ

シンプルだが機能的な張り方。より過ごしやすい屋根と庇の傾斜はどのくらいなのか、空間を最大限に活かし快適な野営空間を作り出すにはどうするか、といったタープワーク全般の基本がこのアレンジにはある

POINT

ポールをつかって可変形に

ポールとp.94の結びを使えば、庇の高さを自由に調整できる

VARIATION

庇を地面に対しフラットにするルーフタイプ

庇を前下がりにしないで、地面に対してフラットにしてタープを設営する。そのスタイルをウェッジではなくルーフと呼ぶ

張りやすく、使い勝手もいい張り方

フィールドで使いやすいタープアレンジの代表格が、このウインド・シェッド・ウエッジではないだろうか。空間が広く開放的で、自然物を生かして壁などを追加しやすい。そして、傾斜地でも設営が可能で幕のシワもできにくいので、ビギナーでも簡単に設営できる。

焚き火と組み合わせて野営をする際に、庇《ひさし》の下に焚き火を設置できるのがこのアレンジの強み。この庇があると、熱を幕内に取り込みやすくなるうえ、雨にも強くなる。また、焚き火の熱で結露が抑えられ、就寝時も快適に過ごせる。

風除けとして役立つが、そのためには風を背負う向きで設置すること。ペグダウンとメインロープ以外に庇の張り綱が必要になるので、ペグダウンのみのものより少々手間がかかるが、このように空間を最大限生かせるメリットは大きい。長期滞在であってもストレスが軽減されるので、私もよく使うアレンジだ。

WIND SHED WEDGE | ウインド・シェッド・ウェッジ

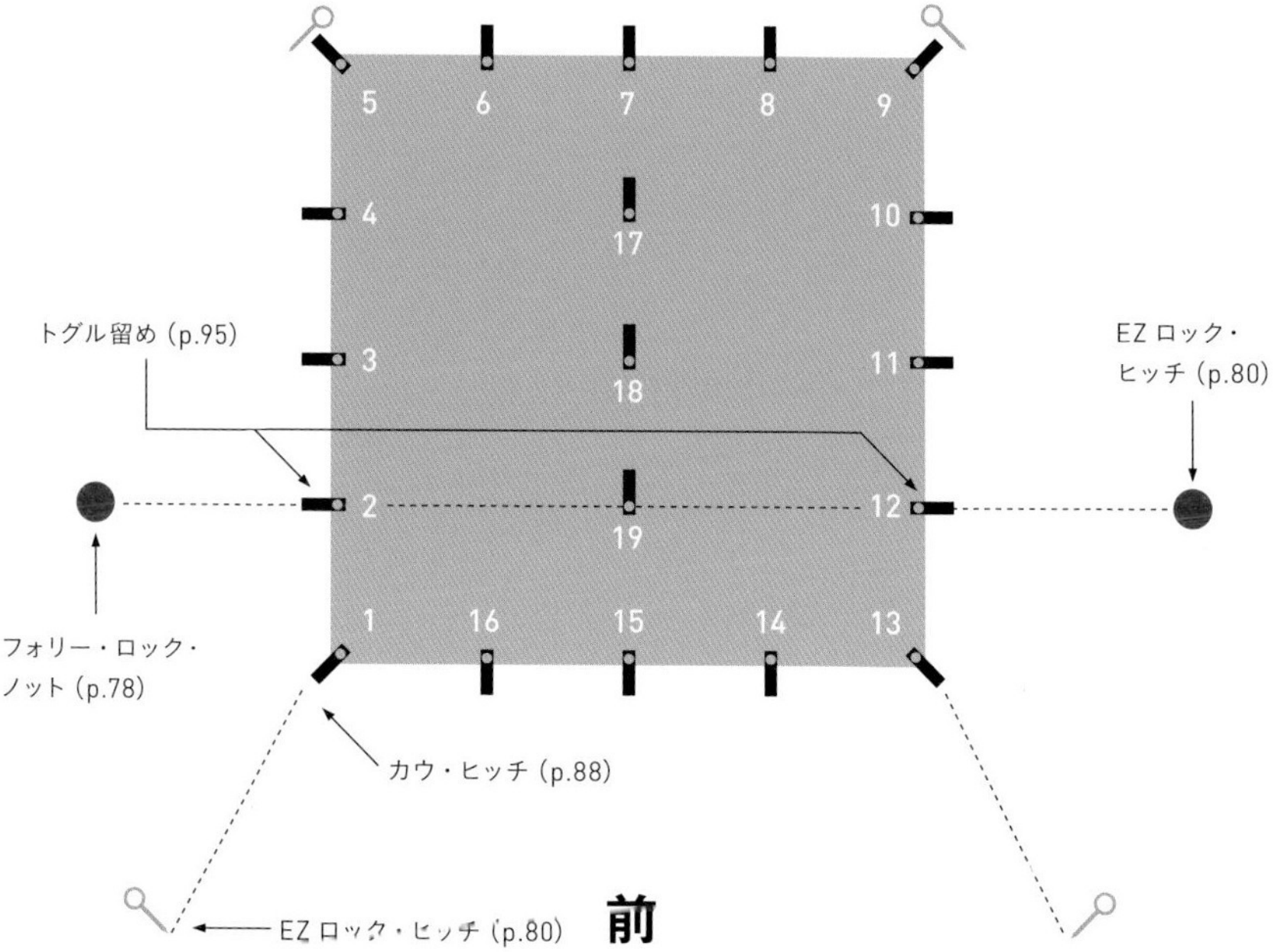

【使用するもの】

スクエアタープ(3×3m)
---- 張り綱3本
ペグ4本
● 立ち木、もしくはポール

【張り方】

❶張り綱を横渡しに張る。❷張り綱にタープを被せ、小枝を使って2と12を張り綱に留める。❸5、9を外側に引っ張るようにペグダウンする。この時左右のシワを均一にする、もしくはできるだけシワがなくなるようにするといい。❹1、13から張り綱を左右均等の角度に引き伸ばしペグダウン

POINT

張り綱の張り方

張り綱を張る時は、タープが完成した時の高さをイメージしながら地面と平行に張る。また、タープをトグル留めする場合は緩めた状態で行い、タープ設置後に適正な強さでテンションを掛ける。張った後も、意図した角度になっているかをチェックしよう

02 ベーシック・リーン・トゥー

すべてのタープ張りの基本となる形

タープの全面を使い壁を立ち上げるこの方法は、すべてのタープワークの基本となる張り方といっても過言ではない。最初に覚えるのに最適だろう。

張り綱に前の辺を固定し、反対の辺を地面にペグ打ちするだけなので、スピード設営をしたい時やミニマムな野営を行いたい時にはこの張り方をオススメしたい。写真はポンチョを使用して設営をしているが、他のものでもいい。慣れてしまえば2分程度で設営できるし、手元が見えてさえいれば夜間の設営もたやすい。

この簡単さは、災害時や急に天候が変化し雨が降り出した時などにとても役立つ。最初に述べたように、すべての基本となる形でもあるので、フィールドで何度も設営してみて、素早く美しく張れるようになりたい。

幕内にいて狭い、圧迫感があると感じたら、幕の中心を後ろ側に引き上げれば、空間が広がってさらに使いやすくなる。

BASIC LEAN TO | ベーシック・リーン・トゥー

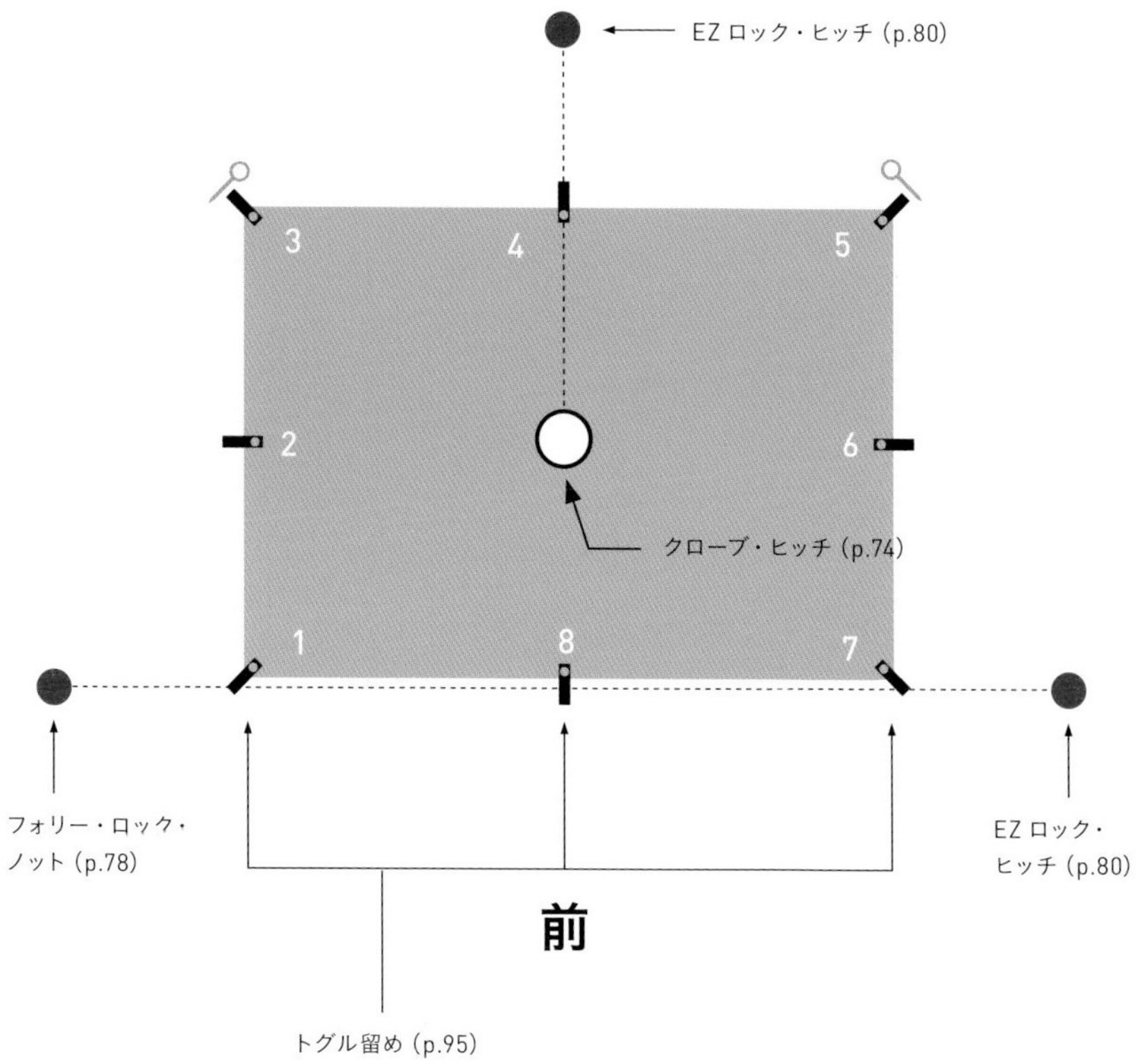

【使用するもの】

ポンチョタープ(2.1×1.45m)

---- 張り綱2本

ペグ2本

● 立ち木、もしくはポール

【張り方】

❶ 張り綱を横渡しに張る。完成時にはこの張り綱が屋根の先端に位置することになる。❷小枝を使って1、8、7を張り綱に固定する。 ❸後ろの3、5をペグダウン。幕体が地面から45度程度に立ち上がるよう、外側に引くように固定する。❹中央のリフター、もしくはフードからラインを取り、枝などに結ぶ。これはタープ下の空間の高さを出すためと、後ろから吹きつける風に強くするためだ

03 エンベロップ

ワイルドな野営を楽しみたい時に

開放的でワイルドな野営をしたいなら、こんなスタイルもありだろう。

エンベロップは幕の半分ほどをフロアに、もう半分を壁にするスタイルで、折れ曲がっている部分の角度によって居住性が変わる。角度を深くすれば雨天時でも使用できないことはないが、その分屋根が低くなるので、居住性は悪くなる。基本的には晴れの日専用と考えるべきだろう。

しかし、晴天時オープンビバークのシートバックリフレクターとしては効果が高く、焚き火の熱を反射して暖かさを保持してくれる。また、前日雨が降った場合には、地面からの湿気を遮断してくれるという長所もある。

仲間と酒を酌み交わし、いつしか眠りにつく。そんな映画『スタンド・バイ・ミー』のようなキャンプにオススメだが、災害用に荷物をデポする場所を確保する時などにも便利。使い方は工夫次第のタープ術といえる。

ENVELOPE | エンベロップ

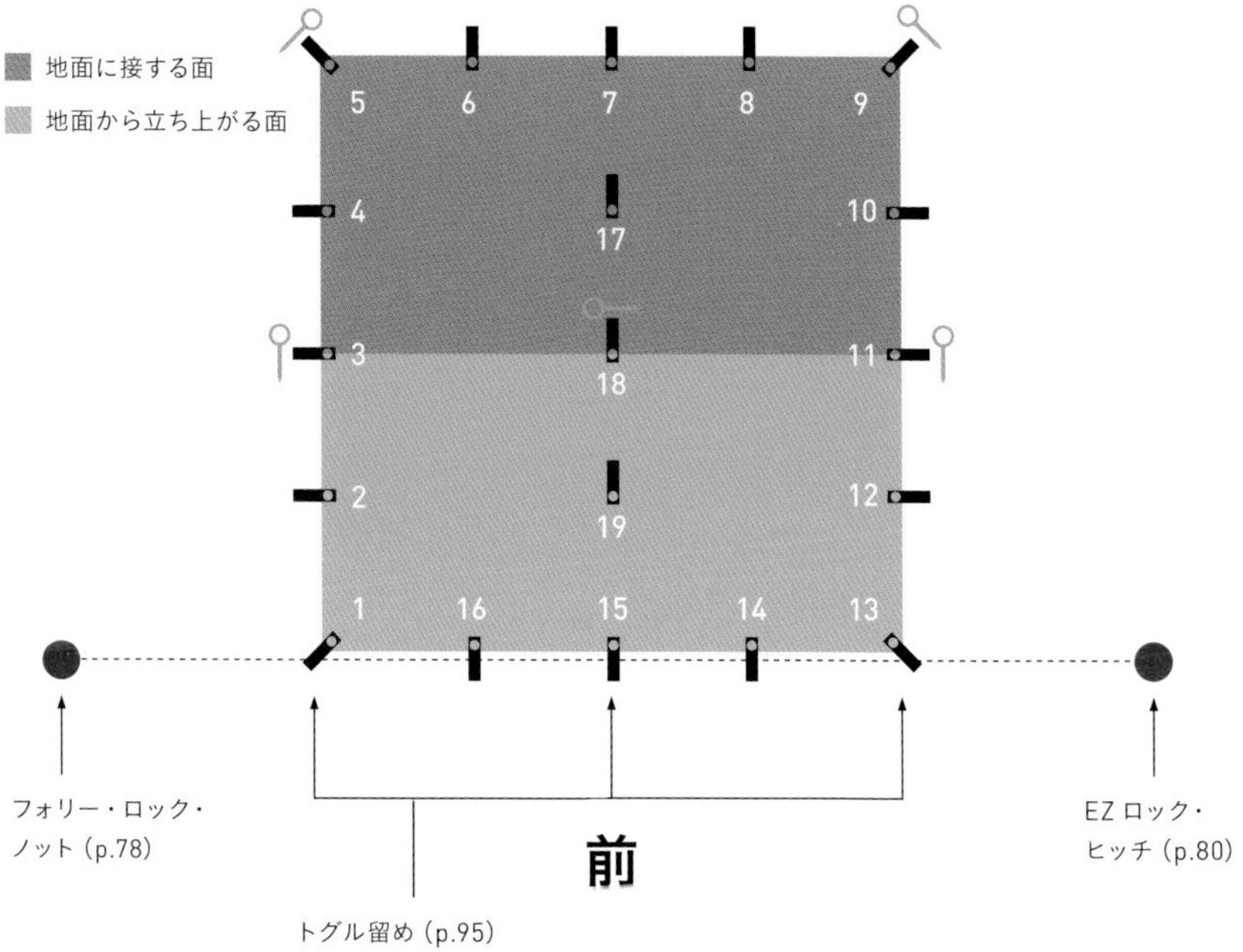

【使用するもの】

- スクエアタープ(3×3m)
- ---- 張り綱1本
- ペグ5本
- ● 立ち木、もしくはポール

【張り方】

❶張り綱を横渡しに張る。❷タープをその上に被せ、小枝を使って**1**と**13**を張り綱に固定する。❸後ろの壁に傾斜をつけて、**3**と**11**、**18**をペグダウン。傾斜の角度は好みで構わない。❹最後に床面を綺麗に伸ばして**5**と**9**をペグダウン

POINT

**シワをなくすために
張り綱を地面と平行に張る**

ありがちなのが、後ろの壁にシワができてしまうこと。これを防ぐには、張り綱と地面が平行になっていることが大切になる。バランスが悪い張り方は、風に対する弱さの原因にもなる

04 ディープ・エンベロップ

傾斜地でスペースがなくても張れる

これは私がよく傾斜地で使うタープアレンジで、前項で紹介したエンベロップとリーン・トゥーの間に位置している張り方である。エンベロップと同じようにフロアを作るが、その面積は小さめにして屋根を深く掛けるようにするのが特徴だ。

整備されたキャンプ場では、狭く感じて出番はないかもしれないが、立ち木が多い森の中でミニマムな野営をする時にちょうどいいサイズ。平らな地面が少なくても支障がないし、設営も簡単でスピーディー。フィールドで役に立つ、実戦的な張り方だと思う。

傾斜を利用して、寝床に座った時に足元が下がるようにすれば居住性はある程度確保できるし、後ろ側をリフトアップすることでさらに空間は広げられるので、就寝時でも圧迫感はない。

ひと工夫加えることでその性能や快適性を引き上げることができるシンプルなタープアレンジで、アクティブな人にオススメだ。

DEEP ENVELOPE | ディープ・エンベロップ

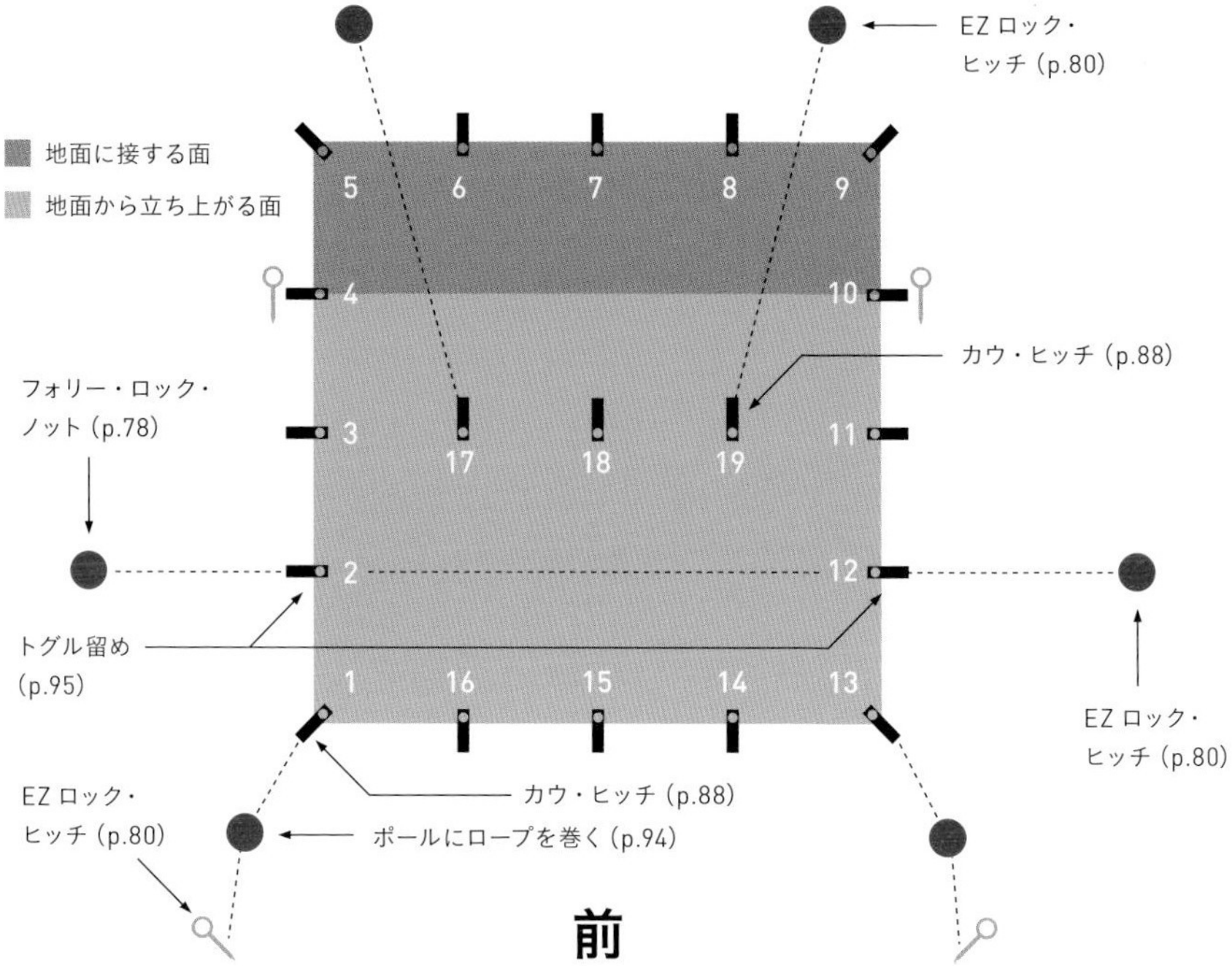

【使用するもの】

スクエアタープ（3×3m）
---- 張り綱5本
ペグ4本
● 立ち木、もしくはポール

【張り方】

❶張り綱を横渡しに張る。❷タープをその上に被せ、小枝を使って**2**と**12**を張り綱に固定する。❸**4**と**10**をペグダウンし、残りを内側に折り返す。❹**1**と**13**に張り綱を結び、立ち木やポールに固定しペグダウンする。❺③で折り返した部分の**5**と**9**を必要であればペグダウンしてもいい。❻最後に**17**と**19**に張り綱を追加して後方に引く

POINT

**圧迫感を軽減し
居住性を上げる方法**

天井が低いため、居住性が落ちる。そこで、後ろ側のアタッチメント2ヵ所から張り綱を取り、引き上げた。こうすることで、中にいる時の圧迫感を軽減できる

05 ダイヤモンド・Aフレーム

1枚のタープで最大限の日陰が得られるとともに、風通しがいいのでタープ内の熱を効率的に逃がしてくれる。夏の盛りのビーチや広い河原などで快適に過ごすにはぴったりのスタイルだろう

VARIATION

片方を上げて庇にする

雨天時でなければ、片方を上げてルーフタイプにするのも開放的でいい。空間に高さが出るので、BBQの庇としてもオススメだ。これもビーチや河原で使いたい

VARIATION

二つ折りにして屋根を片側のみに

ペグダウンが左右1点ずつだけなので、容易に形が変えられるのが便利。このように、タープを二つ折りにして使うこともできる

設置が簡単で、アレンジもしやすい

このタープアレンジは、ダイヤモンド型に張るAフレーム（P168）。タープの対角線を張り綱で支え、もう2つの角をペグダウンするだけで完成する。

ペグダウンする箇所が少なく、即座にアレンジができるというのが魅力。ペグダウンしている点のうち1ヵ所だけを持ち上げてもいいし、2ヵ所とも持ち上げてもいい。このように設営後に即座に変形させられるタイプはそう多くはないが、気候が読みにくい時にとても助かる。

夏は、日差しの強いビーチでも風通しがよく快適。中にカヤを吊れば開放的な野営ができる。ハンモックの上に掛けるのにもいいだろう。

風に弱いと思われがちな形状だが、実はペグダウンが片側1ヵ所で風を受ける面が少ないので、風をうまく逃がしてくれる。同じ四角いタープでも風を辺で捉えるか、面や点で捉えるかで耐風性が変わるということがよくわかる張り方だ。

DIAMOND A FRAME | ダイヤモンド・Aフレーム

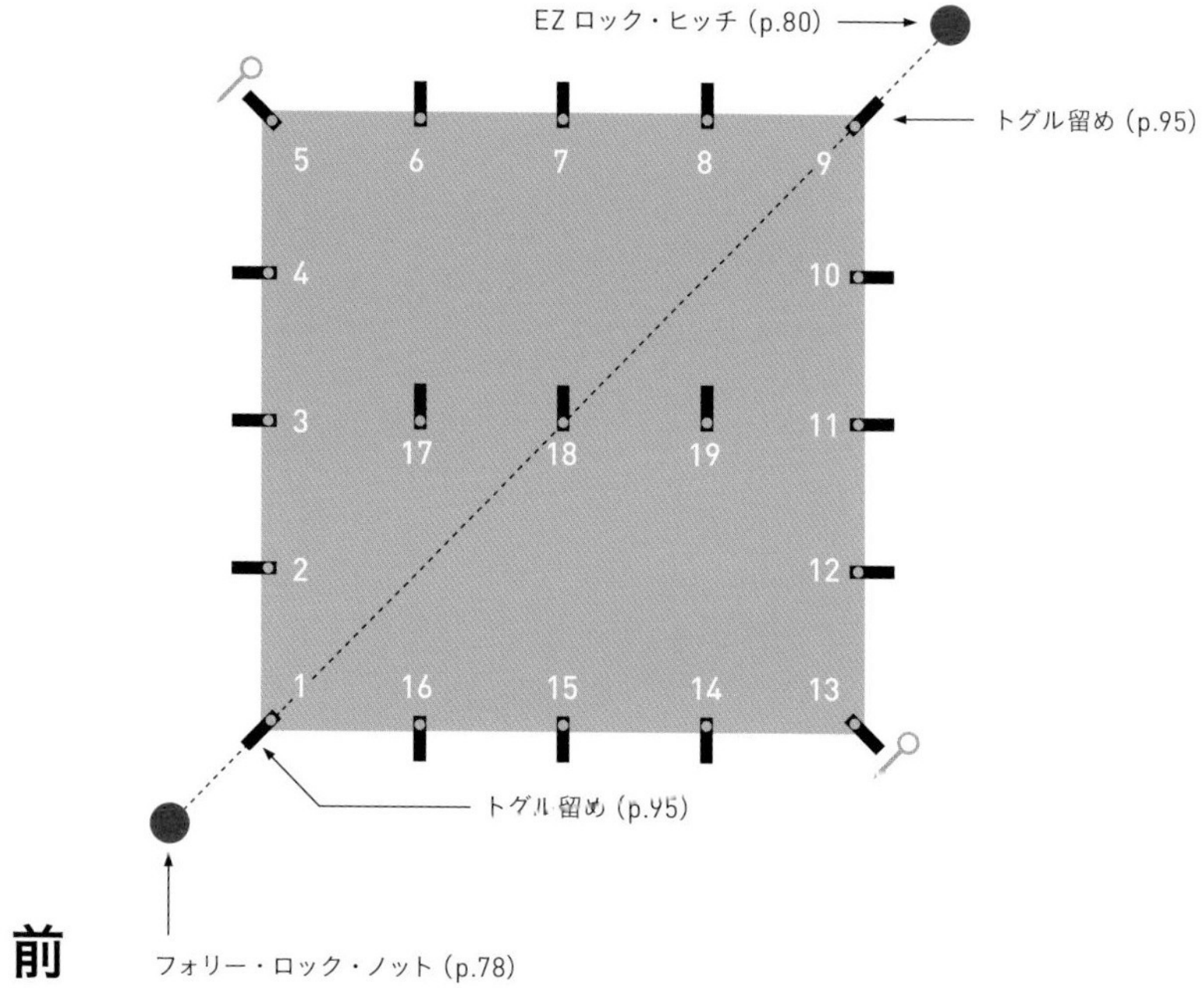

【使用するもの】

スクエアタープ(3×3m)

---- 張り綱1本

ペグ2本

● 立ち木、もしくはポール

【張り方】

❶ 張り綱を横渡しに張る。タープの対角線上のアタッチメントを使用するため、長めにしておく。❷小枝を使って1と9を張り綱に留める。❸5と13をペグダウンすれば完成だ。張り綱の高さによって、屋根の角度と内部空間の広さが変わってくるので、適切な高さにすること

06 Cフライ・ウェッジ

ブッシュクラフトの定番スタイル

張り綱にタープを掛けて、ウィンド・シェッド・ウェッジ（Ｐ98）の庇と、エンベロップ（Ｐ104）のフロア面の両方を作るタイプ。横から見るとアルファベットのＣのように見えるのが特徴だ。

横の壁はないのだが、横幅と屋根が広く取れ、大きな庇のある前方は雨の吹き込みが少なく、焚き火との相性がいい。それに、コンパクトにもできるので多少狭い場所でも設営可能である。ミニマムな野営に向くタープアレンジであり、ブッシュクラフトでは定番となっているので、見たことがある人も多いだろう。実際とても使いやすいアレンジなので、人気があるのもうなずける。

屋根を低くしたり、庇の角度を変えたり、できるセッティングに幅があるので、ある程度の雨風には十分対応可能だ。斜面に設置する場合は、背面から風を受けるようにすることで、そこそこの耐風性も発揮する。このタイプは、地形を上手に生かしやすいアレンジなのだ。

C FLY WEDGE | Cフライ・ウェッジ

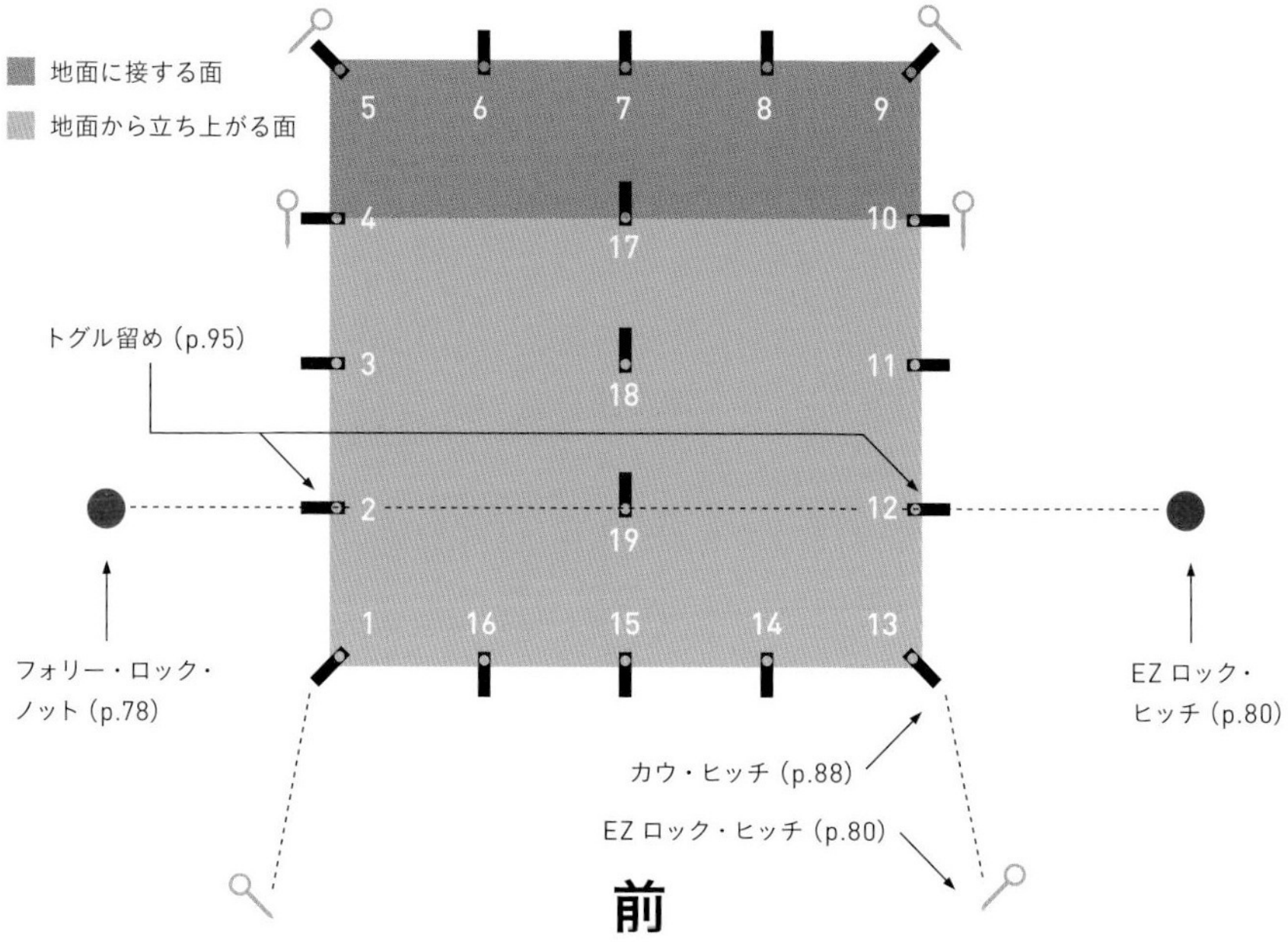

【使用するもの】

スクエアタープ(3×3m)
---- 張り綱3本
ペグ6本
● 立ち木、もしくはポール

【張り方】

❶張り綱を横渡しに張る。❷タープをその張り綱に被せ、小枝を使って2と12を固定する。❸4と10をペグダウン。幕体のシワを取るようにテンションを調整する。❹1と13に張り綱を結び、庇の角度を調整しつつペグダウン。❺③で余った部分を内側に折り返して5､9をペグダウンする

VARIATION

庇の角度によって好みの空間に調整可能

庇の角度を好みで調整し、焚き火や空間の拡張を任意で行う。庇を上げルーフにするならポールや立ち木を利用する。グランドシート部分は下にベッドを作るなら、ペグダウンは必要ない

ソロタイプ

07 アディロンダック

鋭角に突き出した庇と広くピンと張られた幕体が風を受け流し、タープ泊のための快適な空間を生み出す。グランドシートも備えており、自然との一体感を感じられる。焚き火と過ごす夜が楽しいアレンジだ

POINT

フロアは作っても作らなくてもOK

後ろの壁を内側に折り返してフロアを作るが、このフロアを畳んで使用しない方法も選択できる。まったく利用しないというのであれば、外側に広げてペグダウンしてしまってもいい

適度なたわみもタープの武器

風の力でタープが押され、張り綱にテンションが掛かる。そのようにして幕と張り綱の両方が伸びるようにたわむことで、全体の強度を保っているのだ

開放感があり、焚き火との相性もいい

このアディロンダックは、三角形のフロアと大型の庇を持つ、耐候性の高いタープシェルターである。2点を張り綱で立ち木などに固定して尾根を作り、4ヵ所をペグダウン。そして、鳥のクチバシのような形をした庇の先端を張り綱で張れば完成だ。

庇と側壁があるので多少の雨でも快適さが損なわれることはないし、適度なオープンスペースは開放感もあり焚き火との相性もいい。キャンプの醍醐味を味わうのにぴったりの張り方である。

しかも、高さがそこまでない設営方法なので、寒い時期にタープ内を暖めやすいというメリットもある。春先や晩秋に焚き火と一緒に楽しむなどという使い方がオススメである。

ペグダウンが少なく、設営が簡単だというのも魅力だろう。拡張性は少ないが、焚き火の熱を反射させるリフレクターを前方に設置して目隠しにすると、ある程度のプライベート空間を作り出すこともできる。

ADIRONDACK | アディロンダック

地面に接する面

地面から立ち上がる面

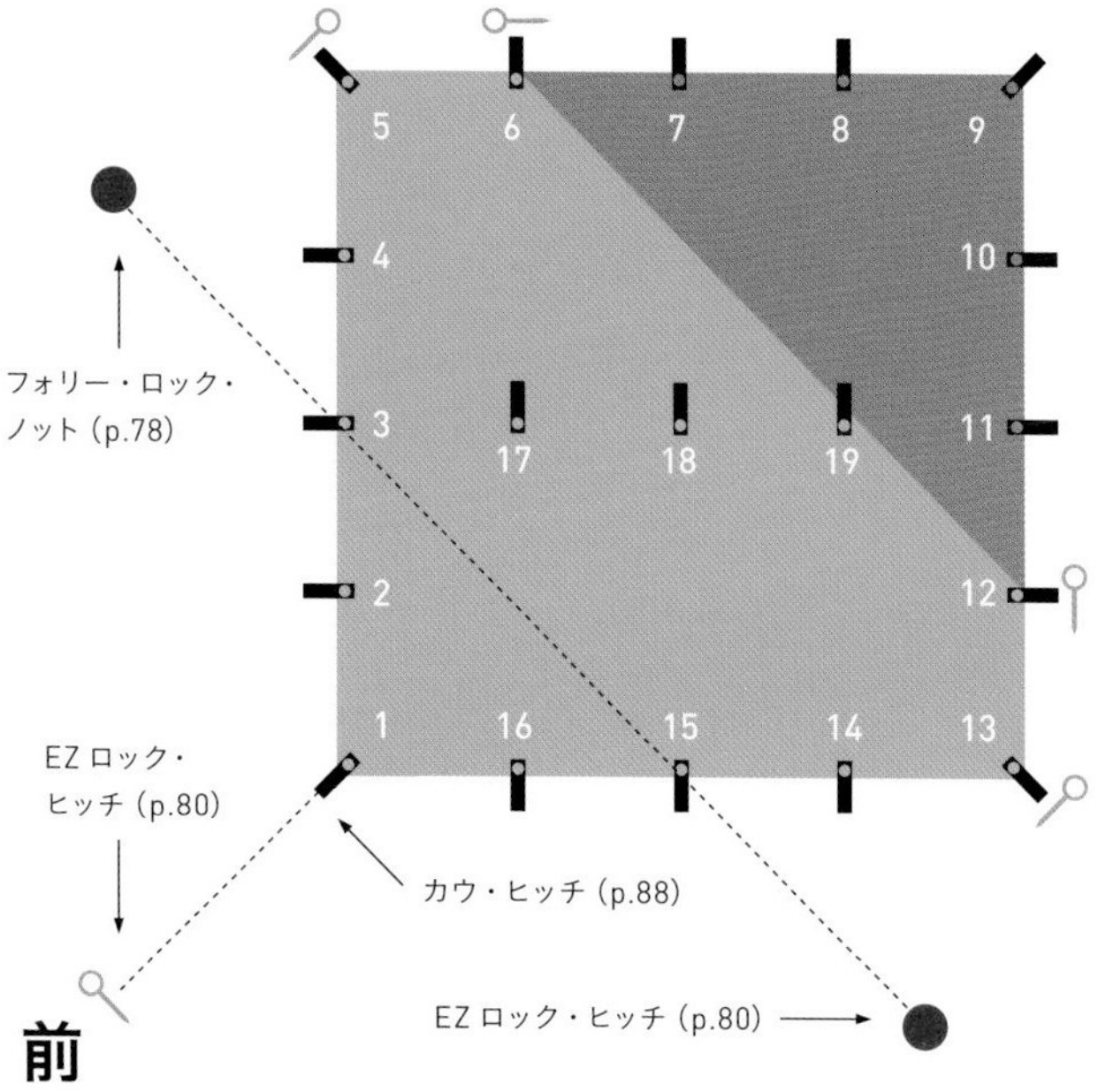

【使用するもの】

スクエアタープ（3×3m）

---- 張り綱2本

ペグ5本

● 立ち木、もしくはポール

【張り方】

❶張り綱を横渡しに張る。❷タープをその張り綱に被せ、小枝を使って**3**と**15**を留める。❸後ろの壁を適度に傾斜させて**6**と**12**をペグで仮留めする。❹**5**と**13**をペグダウンしながら、③のペグの位置を調整し、本留めする。❺**1**に張り綱を結び、庇の角度を調整しながらしっかりと張る。❻後方の余った部分を内側に折り返してフロアシートを作る

ソロタイプ

08 ケンネル

ティピーのようなプライベート空間とタープの開放的な空間を一度に楽しめるのが、この張り方。焚き火との相性もよく、夜をひっそりと過ごすにはオススメのアレンジである。フロアがあるというのも使いやすい

VARIATION

プライベート空間を作れる

フロント部分のアタッチメントを閉じれば、プライベート空間を作り出すことができるので、人が多いキャンプ場にも適している

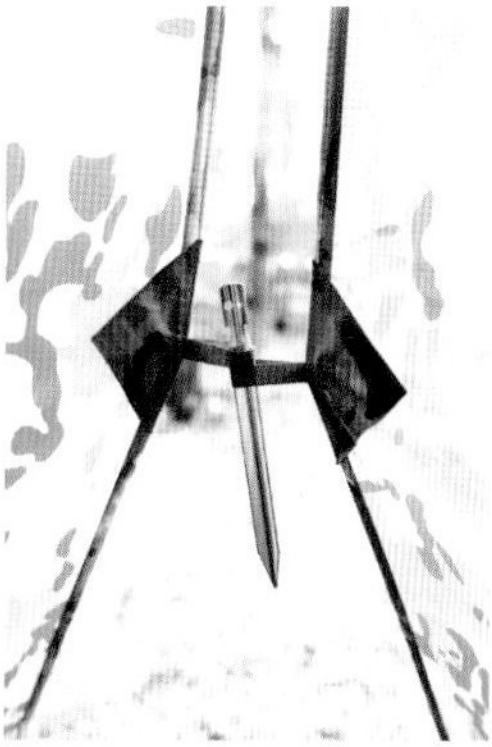

POINT

左右のアタッチメントを閉じる方法

アタッチメントループにペグなどをかんぬきのように挿して留める。外すのも留めるのも簡単なので、こうすると出入りが容易になる

フルクローズにできるテント型

タープでありながら、よりテントに近いオープンスペースを与えてくれるアレンジ。前方を塞いでフルクローズ状態にすることもできるので、プライベート感が欲しい時に向いている。フルクローズできるタイプの中では、比較的簡単に設営できるというのもポイントだろう。

オープン時は開口部が広いため雨が吹き込むことがあるが、前方に立ち木がくるようなレイアウトにし、開口部を塞ぐようにするとそれが防げる。小さなソロ用の焚き火台なら開け放った開口部で十分使用できるし、ガスバーナーなどなら土間状の部分でも使用可能だ。

傾斜がある細いシルエットが風を受け流すため、風には強い。また、傾斜が大きいので、雨はもちろんだが雪も落ちやすい。写真のように張り綱でもいいがポールを使用してもいい。張り綱を利用しているのは、風が強い時に張り綱が伸びることで強風の圧力を逃がすことができるからだ。

KENNEL | ケンネル

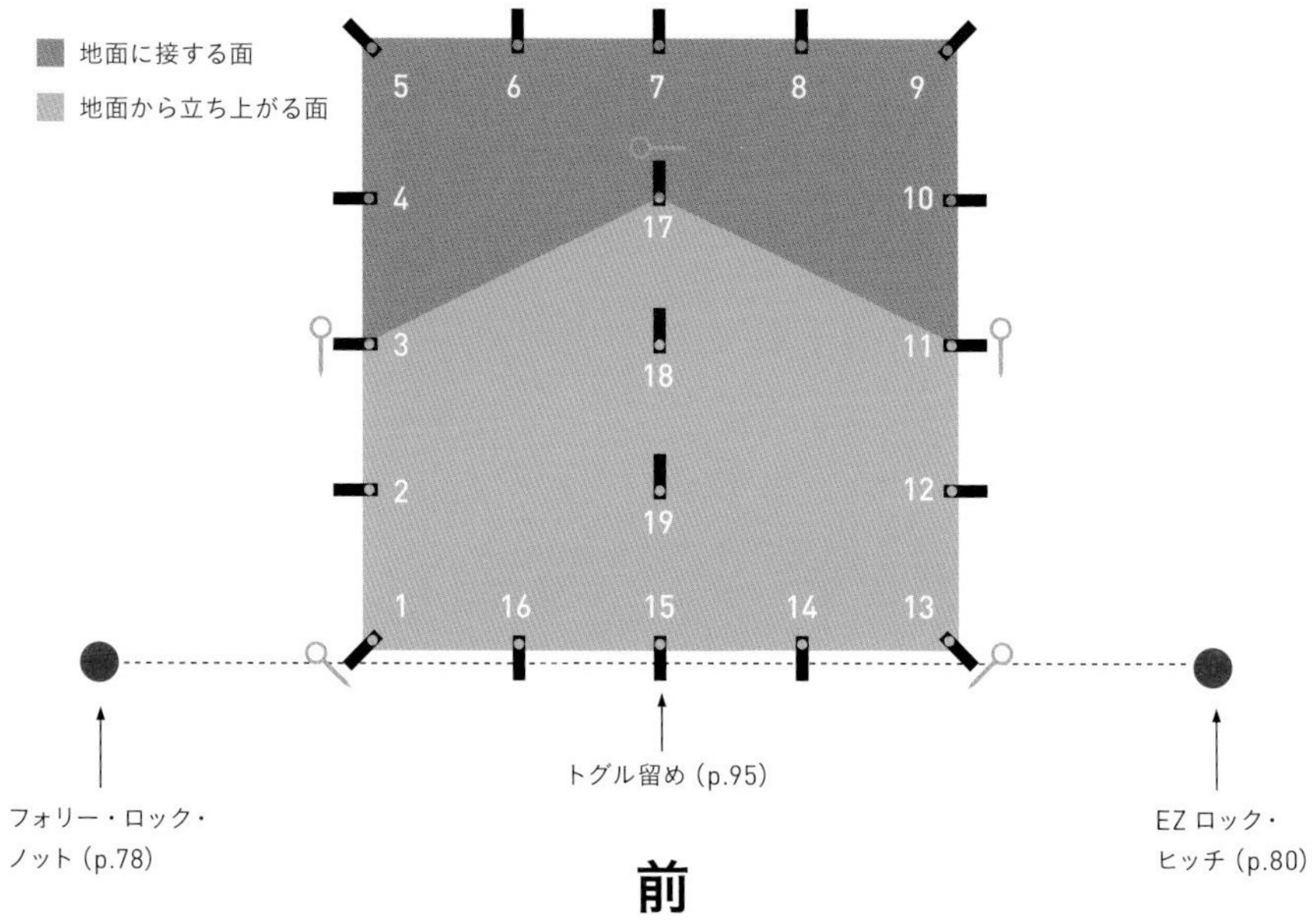

【使用するもの】

スクエアタープ(3×3m)
---- 張り綱1本
ペグ5本
● 立ち木、もしくはポール

【張り方】

❶張り綱を横渡しに張る。 ❷張り綱に**15**を留める。 ❸**3**、**17**、**11**をペグダウンし、残りを内側に折り返す。 ❹開口部の広さを適切にして**1**と**13**をペグダウン。前面を閉める時、このペグダウンの位置も変えると、より密閉度が高まる。ちなみに、写真では**1**と**13**に張り綱を結んでいるが、これは地面がへこんでいたためで、通常はペグダウンのみでかまわない

09 ダイヤモンド・フライ

風に強く安心して野営できる

　このアレンジは、菱形に張るのが基本。対角線状の一方を地面にペグダウン、もう一方を立ち木などに固定したら、残りの角もペグダウンする。大きめのトライポッド（三脚）を作ってそれを前方の支柱にしてもいいだろう。

　私もよく使う形だが、その理由は居住空間が広く、ストレージスペースも確保しやすいので非常に快適に過ごせるからだ。さらに、庇が長く張り出すので焚き火の熱をタープ内に取り込みやすいし、雨が降っていてもタープの下で焚き火を楽しむことができる。

　構造上、奥にいくほど天井が低くなるが、ポールやラインを使用して幕の中心をリフトアップすれば、かなり空間を広げることができる。

　そして、何といっても風に強く、安心して野営できるというのがありがたい。迷ったら焚き火、風、雨に対して抜群の性能を持っているこのスタイルがオススメだ。

DIAMOND FLY ｜ ダイヤモンド・フライ

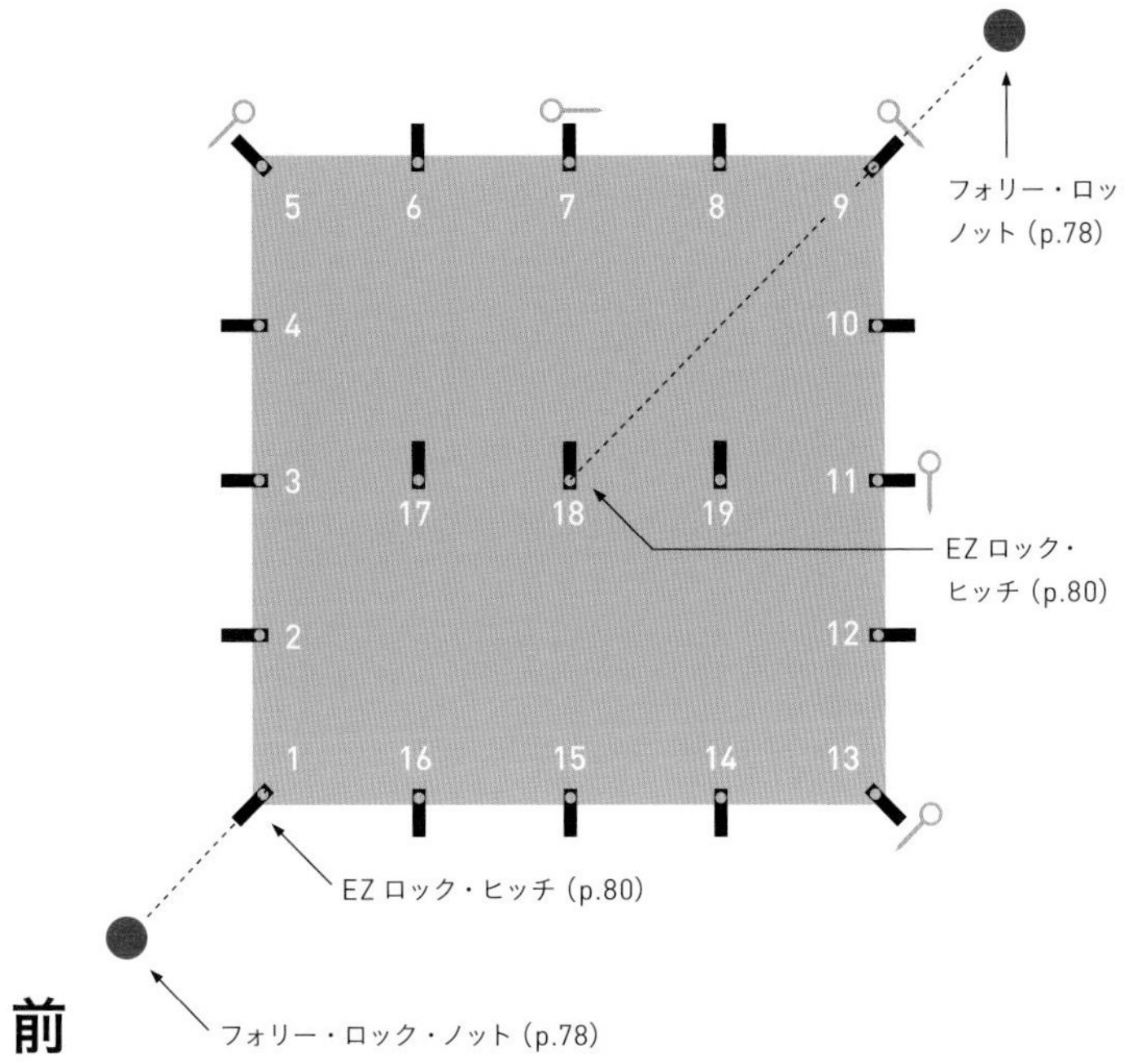

【使用するもの】

スクエアタープ（3×3m）

---- 張り綱2本

ペグ5本

● 立ち木、もしくはポール

【張り方】

❶1から張り綱を引いて、立ち木に固定する。❷対角の9をペグダウンする。この時リッジライン（尾根）がピンと張るようにする。❸両サイドの5と13をペグダウンする。シワをなくすことを意識しよう。❹7、11を外側に引くようにペグダウン。ここもシワを取りながら。❺18から斜め後方に張り綱を取り、幕を引き上げる

POINT

低く広く張ることで耐風性がアップ

後方が低く、地を這うようなフォルムが特徴的なこのアレンジは、きれいに角を出しシワを取るようにすると、風に対し非常に強くなる。スペースがとても広いというのも魅力のひとつだ

10 コンバーチブル・シェルター

庇と張り綱をロープで繋ぎ、張り綱側の結び目をスライドさせることで、前方の庇の深さを自由に変えることができるというのが、この張り方の特徴。天候や焚き火のサイズなどにより、即座に変更できる

変化を楽しむタープ

天気の変化に即座に対応したり、用途によって自在にタープを変化させたりして野営を楽しむ。そんなことができるようになれば、タープ泊がもっと楽しくなる

POINT

クレムハイスト・ノットなど、フリクション系の結びを使う

荷重が掛かっていない時にはスムーズにスライドするが、荷重が掛かるときつく締まって動かなくなるクレムハイスト・ノットを使用。手間なく庇の深さを任意に変えられるようにしている

可動式の庇が便利で、アレンジも多彩

このコンバーチブル・シェルターは、野営の快適性と拡張性を考えてアレンジした、私オリジナルの方法だ。

その特長は、まず前方の庇をプルージックや自在で上げ下げすることで、雨の吹き込みに対応できること。そして、サイドをオープンにすることで焚き火と作業スペースを屋根下に移せることだ。

前頁の写真のように、前方に樹木を配置し風と雨の吹き込みを抑えると、焚き火や調理スペースが確保できなくなるが、その場合はサイドを立ち上げ拡張する。左右どちらでも跳ね上げられるので、風の向きを考慮しオープンにすればいい。

また室内が高く広いので、2人での使用も可能。サイドをオープンにした時も、低めのイスであれば十分頭上の高さを確保できる。

プライベート空間も作りやすいので、オープンなタイプが苦手な人や、ハイシーズンのキャンプ場にもオススメの張り方である。

CONVERTIBLE SHELTER | コンバーチブル・シェルター

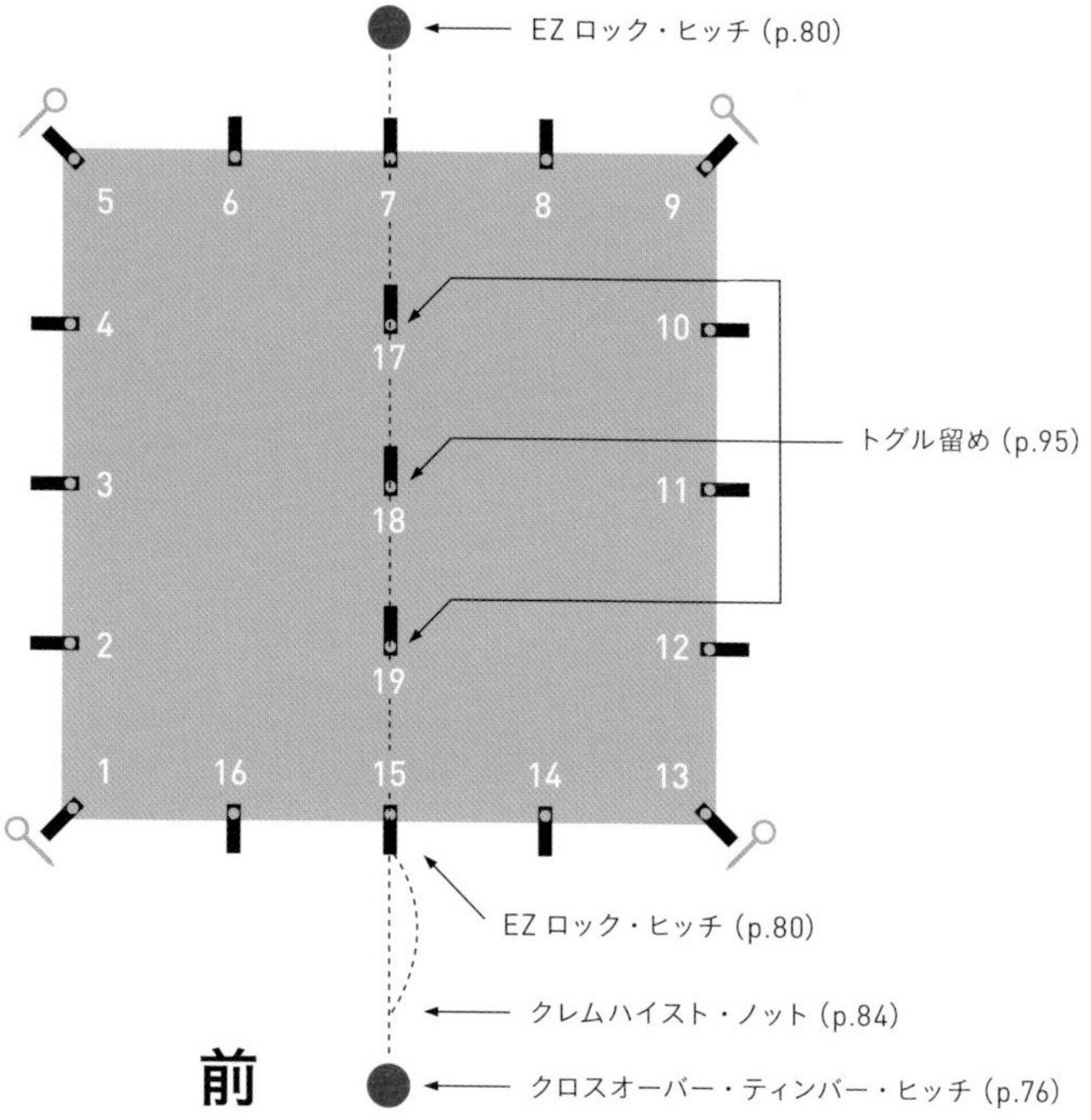

【使用するもの】

スクエアタープ(3×3m)

---- 張り綱2本

ペグ4本

● 立ち木、もしくはポール

【張り方】

❶張り綱を並行ではなく、後ろ下がりになるように張る。❷張り綱に中央3つのリフターをオーバラインで留める。❸1、5、9、13を仮でペグダウンする。❹張り綱と15をロープでつなぐ。❺1､5､9､13のペグの位置を調整し本留めする

11 マウンテン・ポッド

風通しがよく涼しく過ごせる

大きな山のようなシルエットを持つ張り方が、マウンテン・ポッド。私はこの張り方を沢沿いで使うことが多い。

張り出した屋根が広範囲をカバーし、傾斜が雨を効率よく流すので、雨天時でも安心して使用できるのが長所。もちろん、晴天時であっても風通しがよく快適に過ごすことができる。

設営は、ペグダウンよりも張り綱の本数がポイントで、入り口側の角2つから張り綱を伸ばし、均等にテンションを掛けることだ。そうすることで、バランスが取りやすい。通常のタープより慣れは必要だが、さほど難しくはない。高さの設定も任意に行えるので、状況に応じて調整しよう。ポールがあると設営しやすいのは確かだが、立ち木や枝を代用して設営することも可能だ。

内部のスペースが広いので、数人で一夜を明かすのにもいい。開放的で、自然との一体感が得られるだろう。

MOUNTAIN POD | マウンテン・ポッド

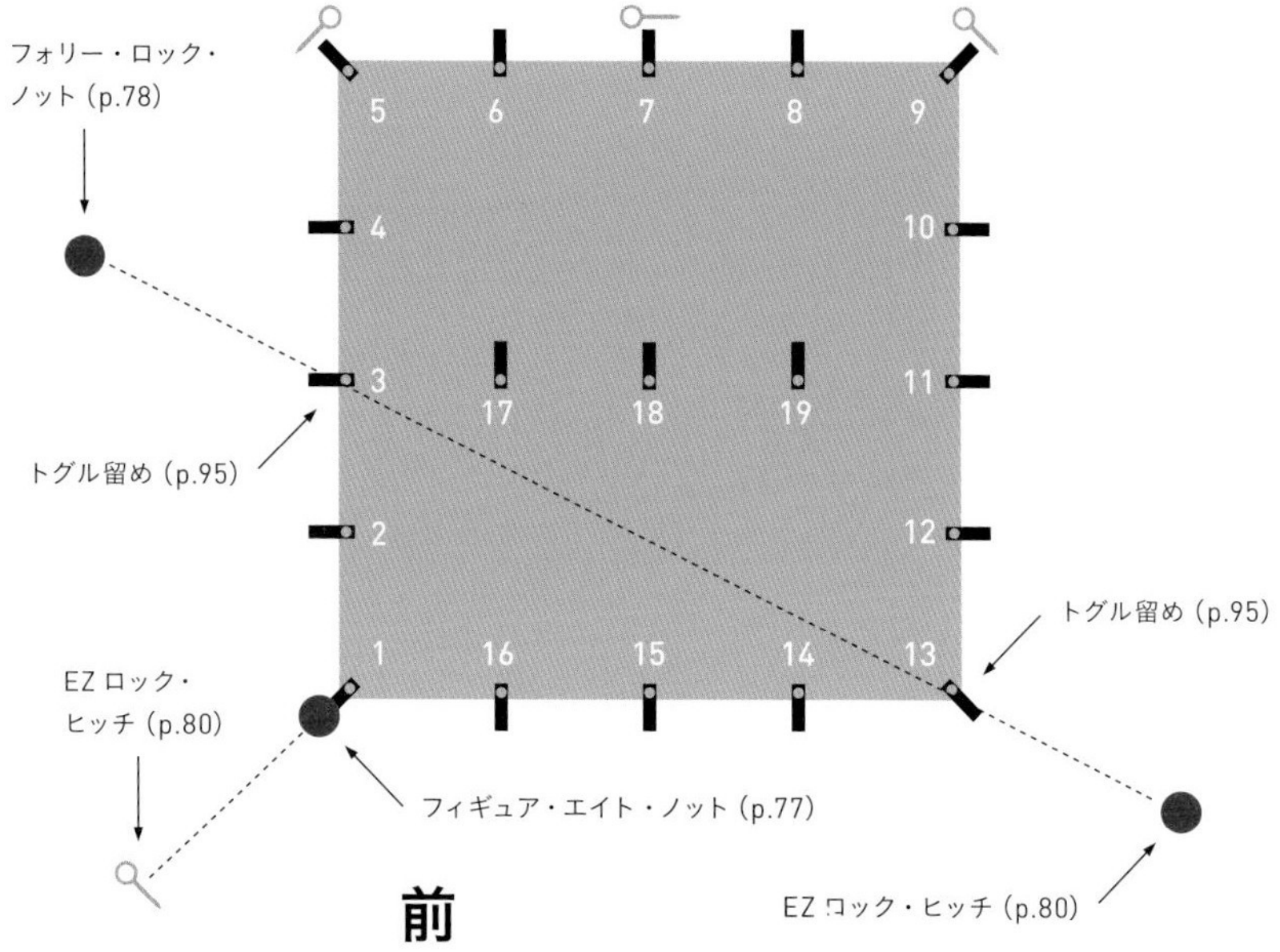

【使用するもの】

スクエアタープ(3×3m)

---- 張り綱2本

ペグ4本

● 立ち木、もしくはポール

【張り方】

❶張り綱を横渡しに張る。正面から見て1側を高く、13側を低めにする。 ❷張り綱にタープを被せ、3と13を張り綱に固定する。 ❸1をポールか立ち木の13よりも高い位置に張り綱で固定する。 ❹5、7、9をペグダウンする。ペグダウンは外に引き気味にしてシワを取るようにする。

POINT

開放的だがプライベート感も確保

後ろ側から見るとこのような感じ。後ろ側に加えサイドにも壁があり、三角の屋根もできる。適度に囲まれた感じが心地よいアレンジだろう。できるだけシワができないようにペグダウンすると、雨に強くなる

12 ハーフ・テトラ

星空を存分に楽しみたい人へ

ハーフ・テトラは、その名の通り、三角形のフォルムを持つアレンジ。ソロで自然を存分に楽しみたい人にオススメの張り方だ。

1枚のタープで屋根とグランドシートを兼用するスタイルで、1点の角を持ち上げ三角形の屋根を作る。この屋根は輻射熱を得るためと最低限の雨除けとして役立つ程度だし、背面の形状自体は風に強いが、内部空間を覆い尽くせる屋根ではないので耐風性もそこまでない。

ではこの張り方の何がいいのかというと、自然との近さだ。快適性を追求したものではなく、ミニマムなスタイルで焚き火とともに過ごすためのタープアレンジだと考えて欲しい。

夜寝転んでみれば、遮るものがなく大きな星空が広がっているはず。揺らぐ炎と開放的な景色が、ソロキャンプをさらに贅沢なものにしてくれるだろう。タープ泊に慣れてきたら、ぜひ挑戦してもらいたいスタイルだ。

HALF TETRA ｜ ハーフ・テトラ

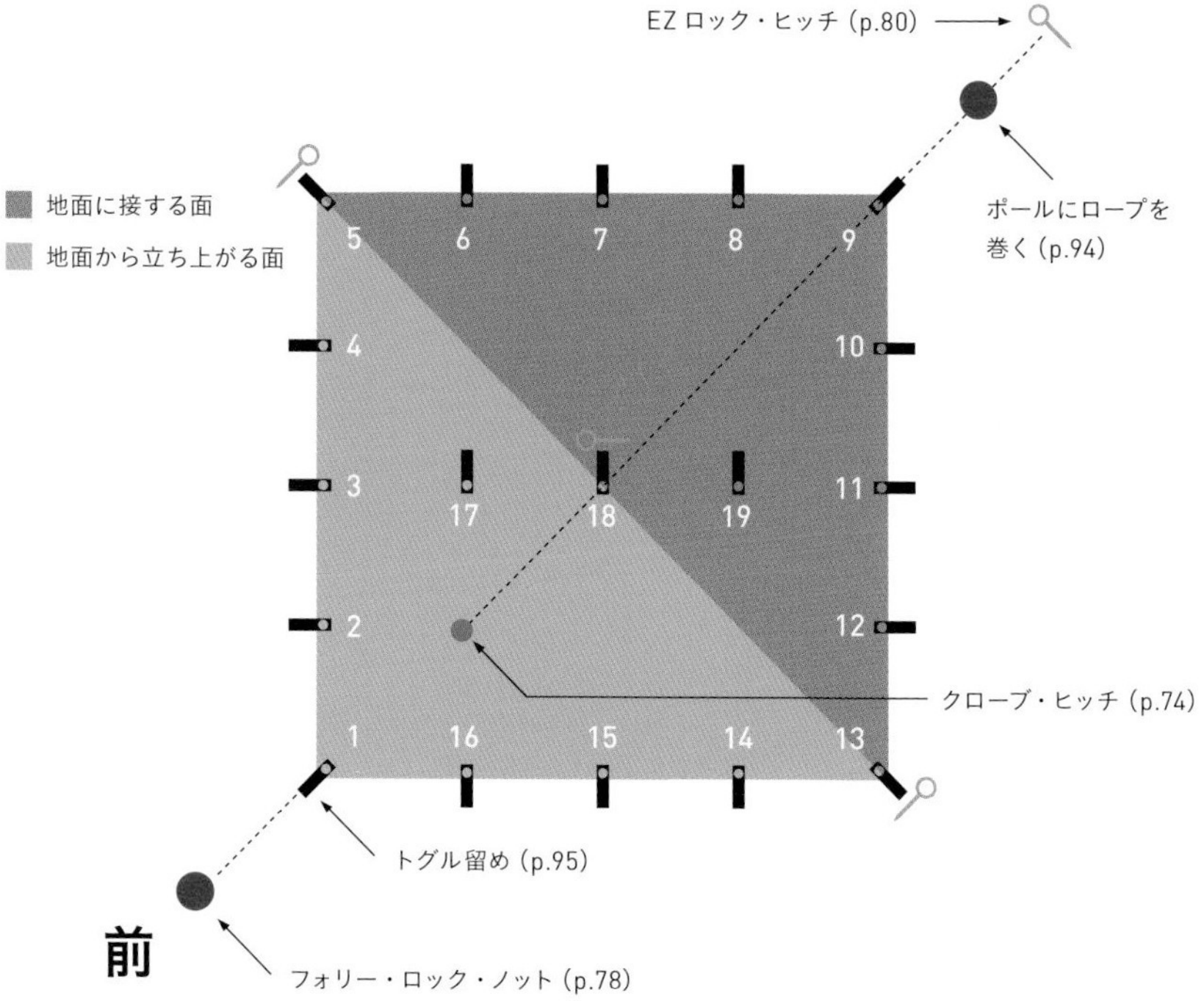

【使用するもの】

スクエアタープ(3×3m)
---- 張り綱2本
ペグ4本
● 立ち木、もしくはポール
● 小石

【張り方】

❶1をポールや立ち木に張り綱で固定する。❷両サイドの5、13と18をペグダウン。この時タープに少し傾斜をつけて、屋根になるようにする。しっかりシワを取ることが大切。❸5と13の対角線を内側に折り返す。先端をさらに折り返してグランドシートとして使用する。 ❹1と18の間に小石を使って張り綱を留め、ポールや立ち木を使ってペグダウン

13 アングラー・ルーフ

トラウト・フィッシャーマンがカヤックやカヌーで釣行をする時に使ったといわれるスタイル

POINT

枝を追加するだけで空間が広がる

緩やかに傾斜する屋根を支えるように枝を入れるだけで、頭上がかなり高くなる。タープには適度なたわみがあるので、地面に立てるだけで十分固定できる

POINT

空間を押し広げるだけで快適さが大きく変わる

追加でインナーポールを加えて空間を広げると、居住性が高くなる。座る位置が少し変わるだけでも、野営時のストレスを抑えることができる

ゆとりの空間で焚き火を楽しむ

このアレンジは、渓流釣りのシーンで多く使われているそうだ。屋根と焚き火だけという簡素なスタイルには機能性と効率性が凝縮しており、達人たちのこだわりが感じられる。

シンプルなのだが雨や焚き火、居住スペースのことを考えたアレンジとなっており、不規則な形に見える屋根の傾斜が、スペースの確保に大きく貢献している。また、幕体のたわみを利用して張り綱やポールで空間を押し広げれば、さらに空間を広げることができる。実際に使ってみると、広さに驚くのではないだろうか。

ソロで使うには広すぎると感じるくらいで、ソロテーブルやコンテナボックスを持ち込むキャンプでも、ストレスのないレイアウトを構築できる。

複数人で楽しむ河原や沢でのキャンプに持ってこい。ソロ用のこのアレンジを寄せ合って焚き火を囲めば、ロマンと冒険の香りがたっぷりする夜になるのではないだろうか。

ANGLER ROOF | アングラー・ルーフ

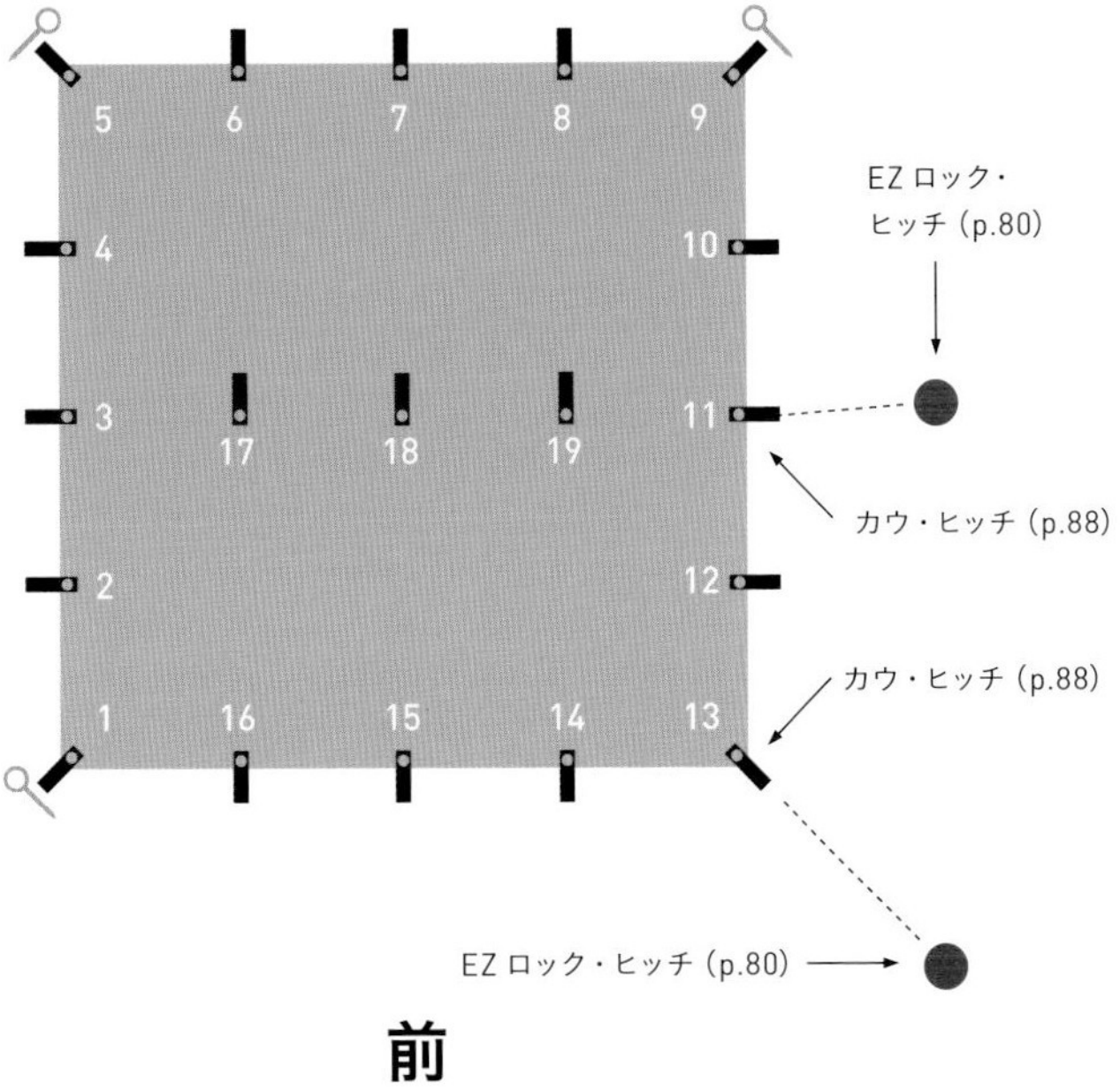

【使用するもの】

スクエアタープ(3×3m)
---- 張り綱2本
ペグ3本
● 立ち木、もしくはポール

【張り方】

❶まず**11**を張り綱で固定し向きを決める。**9**のアタッチメントがペグダウンできる高さにすること。 ❷**5**、**9**をペグダウンし仮留めする。 ❸**13**を張り綱でポールや立ち木に固定する。ここは任意の高さでいいが、**1**がペグダウンできる高さにする。❹**1**をペグダウンするとともに、**5**、**9**を適切な位置に改めてペグダウンし直す

レクリエーション向け

14 ベーシック・ポール・フライ

大きな日陰と居住性を生み出してくれるオーソドックスな張り方だ。複数人で快適に野外活動をするうえで大きな屋根は必要不可欠。家族の団らんを野外でも味わったり、仲間同士絆を深めるのにぴったりの張り方だ

POINT

どこから立てるか?

先にリッジラインを作り2点にテンションを掛けると1人でもポールが立てられる。慣れるまでは複数人で行うといい。サイドは対角ごとに引いていくのが、きれいに張るコツ

POINT

タープのアタッチメントを押さえるように引き綱を掛ける

ポールには、先にタープのアタッチメントを掛けてから、その上に引き綱を掛けると、風に煽られてもタープが外れにくい

オートキャンプの大定番

タープといえば、この張り方をイメージする人が多いのではないだろうか。大型テントとの相性もよく、車を寄せて車と接続もできる。ファミリーキャンプやオートキャンプ用の大型タープを使うことが多いが、もちろんスクエアタープなどでもアレンジは可能である。

ポール2本を前後に配し、高さを最大限に生かしたこの方法は、キャンプはもちろん、イベントやワークショップの屋根、災害時の一時待避所としても活用できる。ポールさえあればどこでも設置が可能で、アスファルトでも重石でロープを固定し設営しているのも見かける。

しかし、巨大な空間を生む一方で揚力が発生しやすい特性があり、風によって捲れ上がることもある。タープポールにも対荷重限界があるので、強風で大きな屋根が煽られれば破損し倒壊につながるので注意したい。風が強くなってきたら必ず幕を下ろすように心掛けよう。

BASIC POLE FLY | ベーシック・ポール・フライ

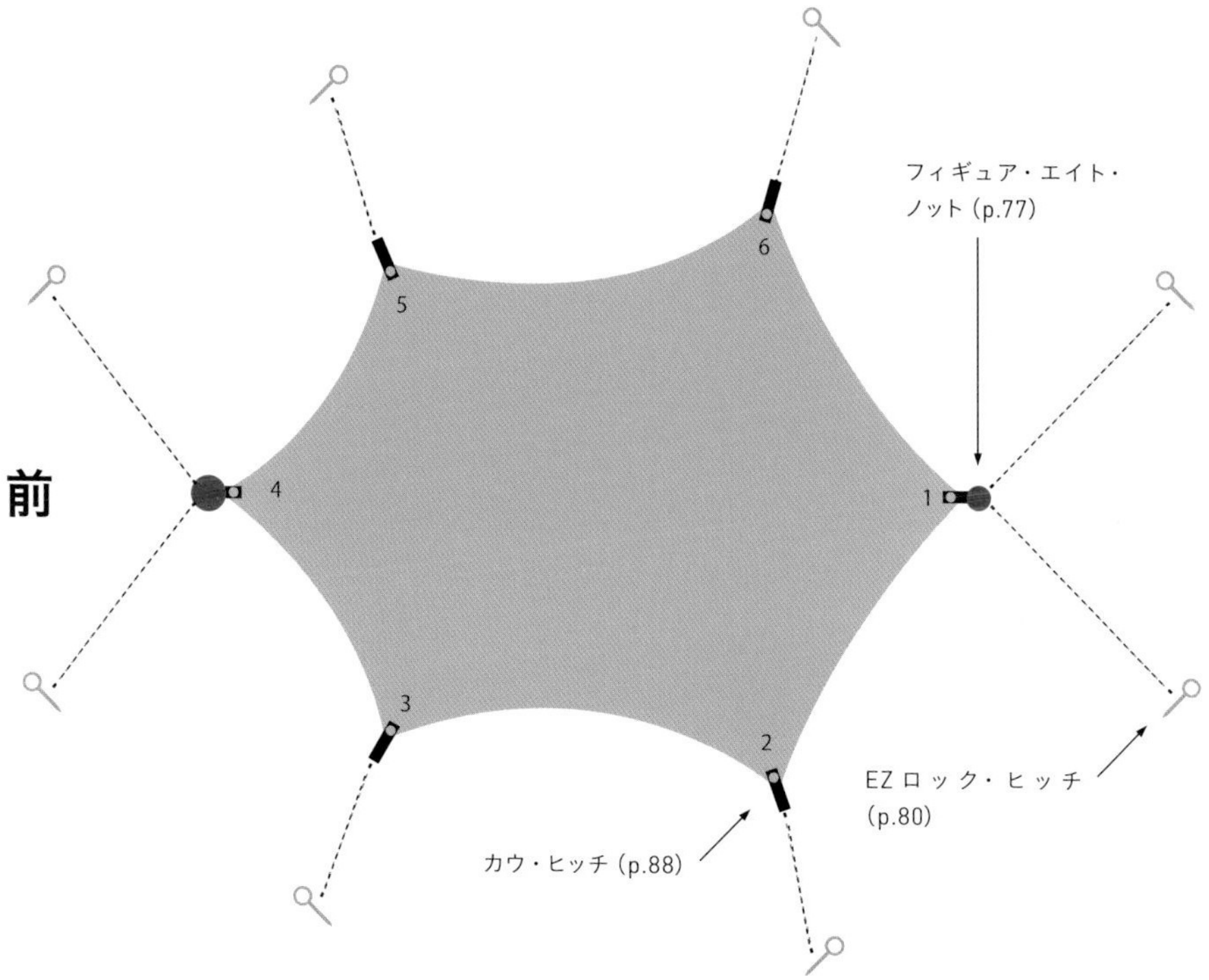

【使用するもの】

ヘキサタープ(4.2×4.75m)
---- 張り綱6本
ペグ8本
● 立ち木、もしくはポール

【張り方】

❶まず**1**と**4**にポールと二股にした張り綱をセットする。どちらか一方の側の2ヵ所をペグダウンしたら、もう一方のポールを引いて立ち上げ、自立するようにする。バランスが取れ自立したら、もう片方もペグダウンしてポールを立てる。❷**6**、**3**、**5**、**2**というように、対角同士を張る順番でペグダウンを行う。 ❸バランスを見ながらペグダウンや張り綱の引きを調整する。

15 レクタングラー・スタッフ

イベントのブース作りに最適

四角いタープを中央で折り曲げて、半分を背面の壁に、もう半分を屋根とする方法。これは野営用のタープアレンジとはいい難いが、イベント、災害時用として覚えておくと便利な方法である。

屋根はできるし、前方の開口が高く広いので、イベントの受付や炊き出しブースなどに利用するのに最適。あるいは災害時であれば、救護所や支援物資配給所、荷物置き場などにも使え、防災観点から見ても役立つアレンジだといえよう。

写真では張り綱にタープを被せて設営しているが、ポールや立ち木、フェンスなどを利用すれば、同じように設営が可能になる。開口部のポールについても同様で、代用できるものがほかにもたくさんあるはずだ。

現場によってさまざまな方法が考えられるので、あらゆる状況に対応できるよう、家族や仲間で、あるいは自治体で日ごろから練習しておいてもいいのではないだろうか。

RECTANGULAR STAFF | レクタングラー・スタッフ

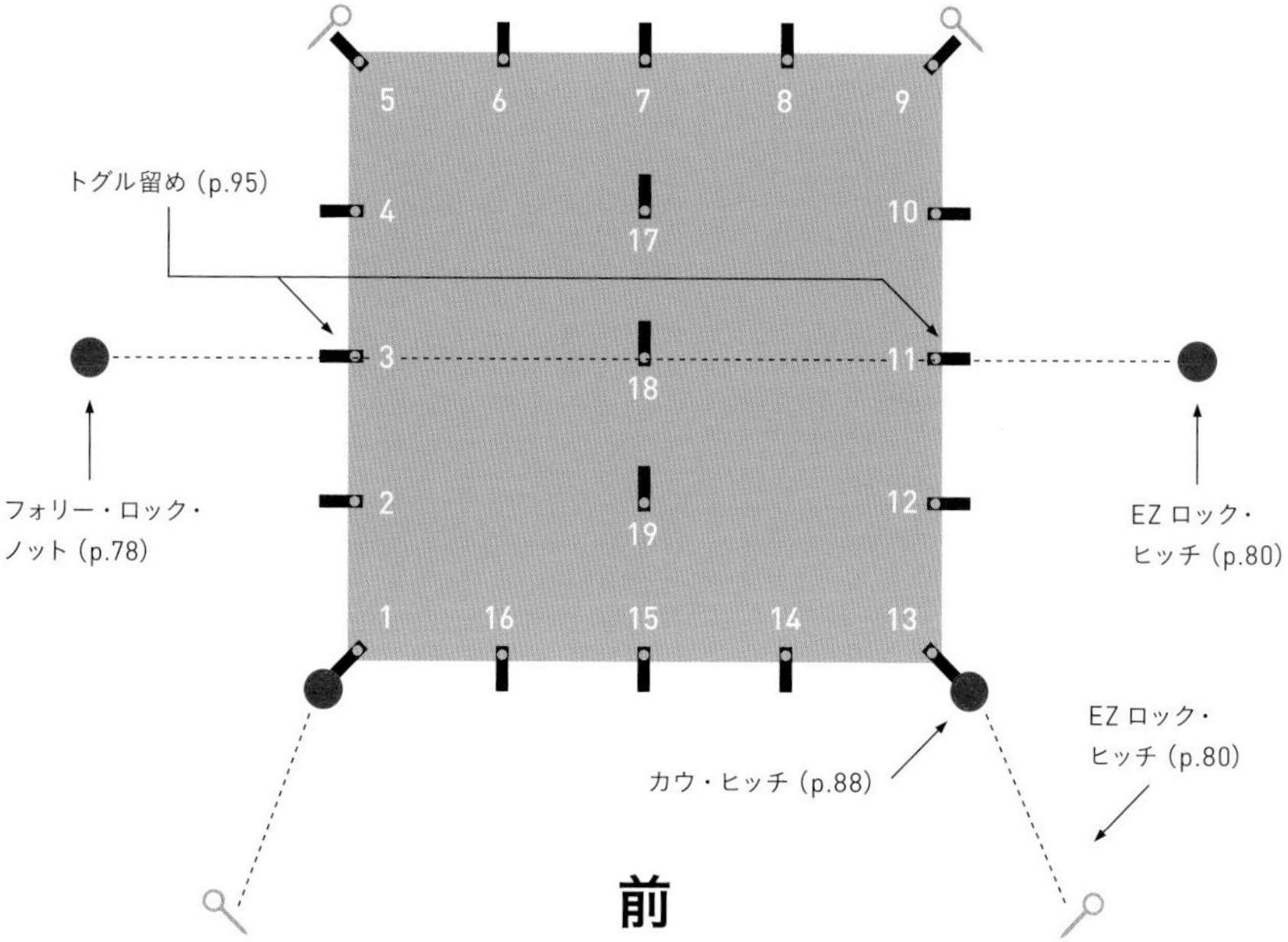

【使用するもの】

スクエアタープ(3×3m)

---- 張り綱3本

ペグ4本

● 立ち木、もしくはポール

【張り方】

❶張り綱を横渡しにして、上からタープを掛ける。❷3と11を、小枝を使って張り綱に固定する。❸5と9をペグダウンして仮留めする。❹1と13にポールを立て張り綱をペグダウンする。屋根がフラットになるようにして設置する。❺5と9を微調整し幕のシワを取ってペグダウンする

POINT

イベントブースとして使うなら引綱は目立つものを使う

このアレンジは、イベントのブースや保管所というように、不特定多数が使用することも想定される。そうした場合は、ポールの張り綱は目立つ色にし、あまり長くしないようにすると安全だ

16 ベーシック・フライ・ライン・ルーフ

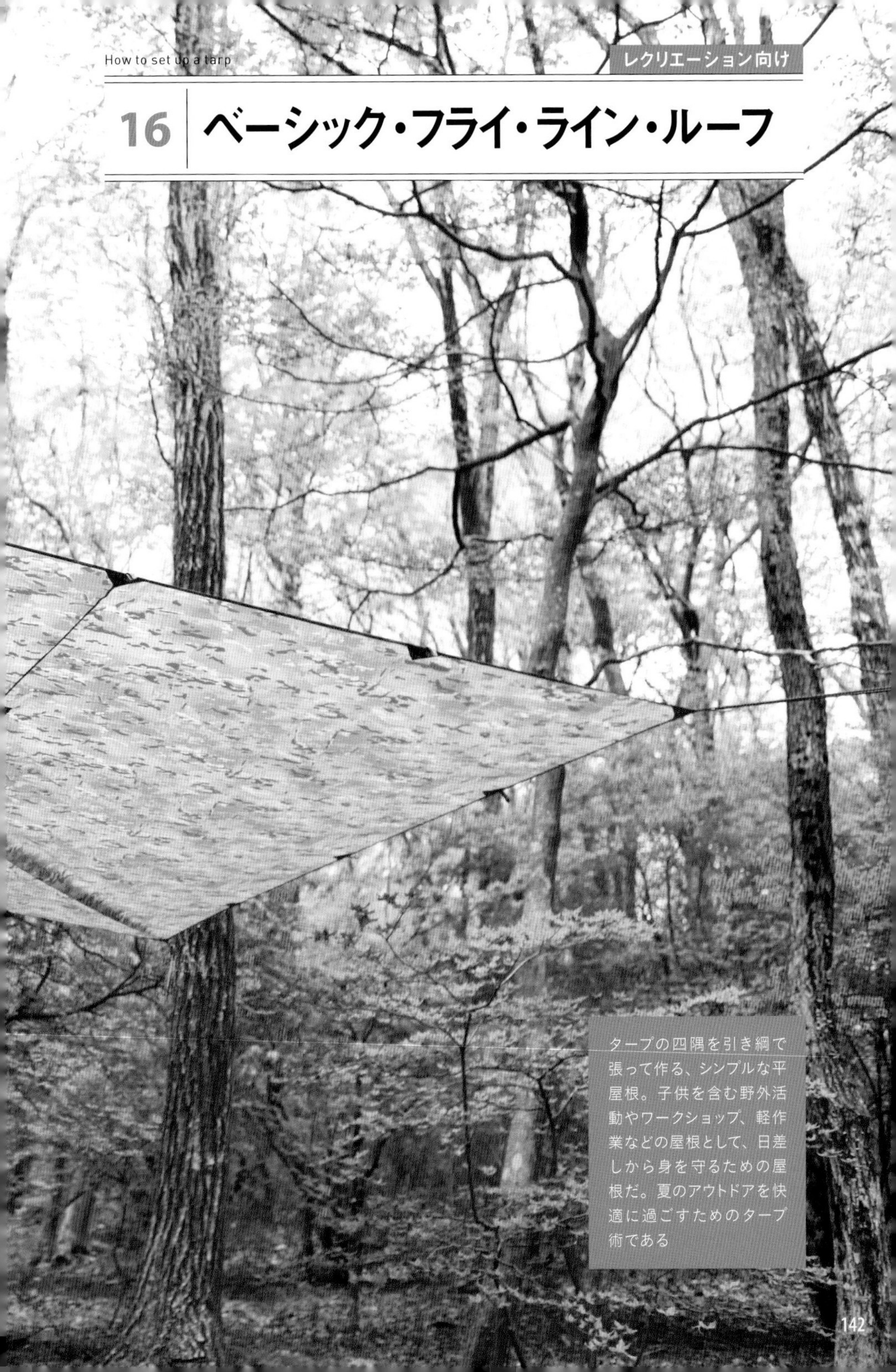

タープの四隅を引き綱で張って作る、シンプルな平屋根。子供を含む野外活動やワークショップ、軽作業などの屋根として、日差しから身を守るための屋根だ。夏のアウトドアを快適に過ごすためのタープ術である

VARIATION

**タープの中央に
ポールを立てる**

ポールを1本追加することでマッシュルームと名前が変わる。このポールを追加することで、雨がタープの上に溜まらず、ある程度の雨でも使えるようになる

POINT

**スタッフバッグで
タープを保護**

ポールを立てる際は、先端が幕に掛けるストレスが気になる。スタッフバッグにタオルなどを詰めて、ポール先端に被せるといい

フラットな大屋根が開放的

最近見なくなった方法だが、それはキャンプ場の普及とともに立ち木の利用が制限されるようになったからだと思う。

ポールを使わず、タープの四隅を張り綱で引いて立ち木に固定し、頭上にフラットに展開するだけのシンプルな張り方だ。悪天候の想定はない張り方だが、日除けとしての役割は果たす。

屋根の面積が大きく取れ、樹林帯でのビバークや大岩の河原での野営には便利な方法で、センターにポールを立てると、マッシュルーム・フライと名前を変える。

タープのあり方の基本を教えてくれるシンプルな張り方だが、各張り綱のテンションや力の方向を考えないと、バランスの崩れた見た目になる。ラインをどの方向に振り、どのくらい引けば幕のシワがきれいに整うかを学ぶには最高の教材といえるだろう。ビギナーはもちろんだがベテランも基本練習として取り入れてもらいたい。

BASIC FLY LINE ROOF | ベーシック・フライ・ライン・ルーフ

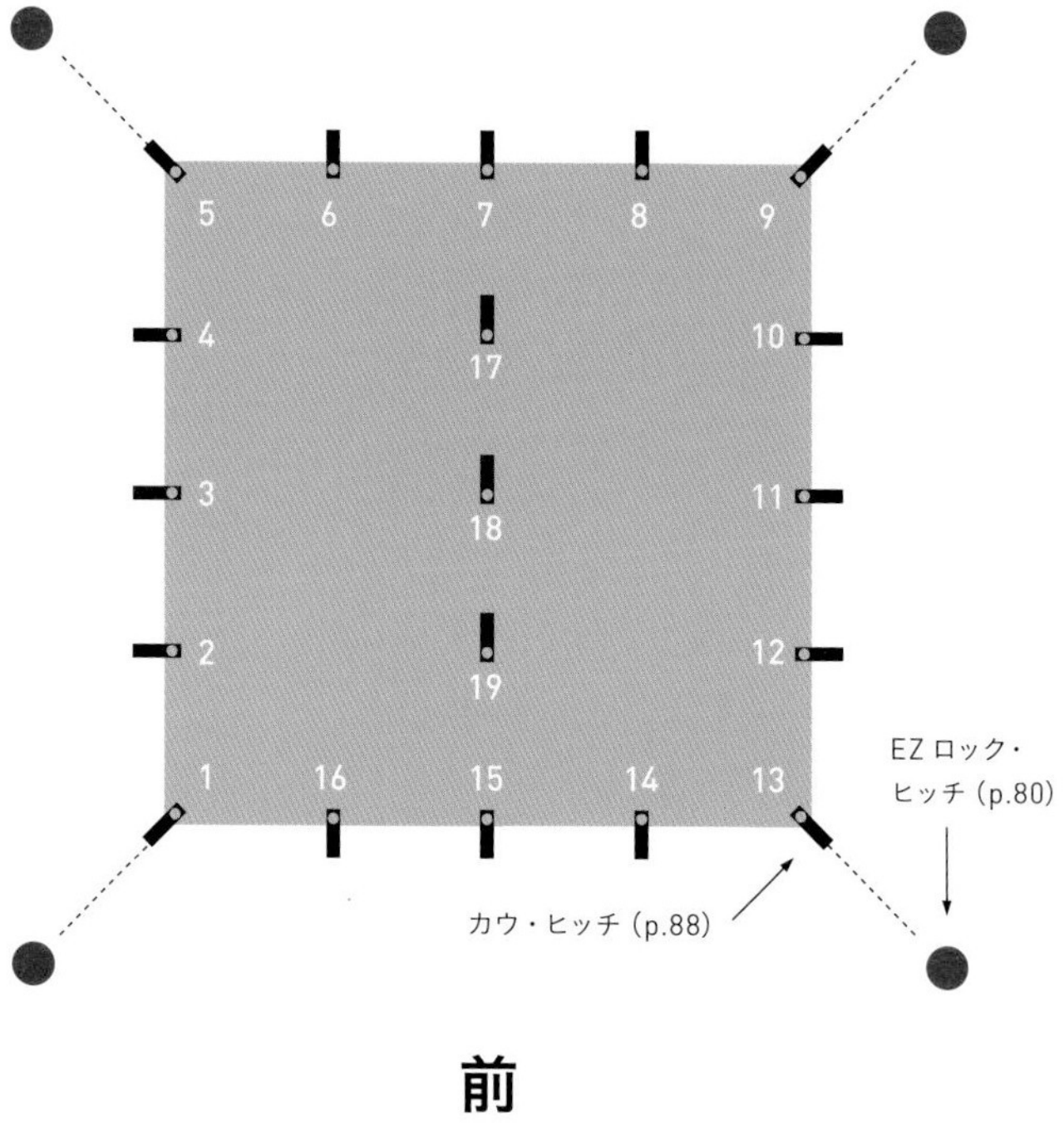

【使用するもの】

スクエアタープ(3×3m)

---- 張り綱4本

● 立ち木、もしくはポール

【張り方】

❶まず1のアタッチメントから張り綱を取り、立ち木の任意の高さに固定する。 ❷9のアタッチメントを使って1の対角に張り綱を設置し、ほどよくテンションを掛ける。 ❸5、13の順で張り綱で引く。高さをすべて1に合わせるようにすること

17 グランド・ハット

広くて快適な空間を簡単に作り出せるのが、このアレンジの最大の魅力である。大屋根を作り、タープの下で焚き火をすると、プリミティブな気分になれて楽しい。屋根のすき間から立ち上る煙は暖かさの象徴だ

VARIATION

その場にあるものをうまく使う

雪山に長期滞在した時に作った野営地。フレームは倒木で作り、雪の重さに耐えるようにした。これもアレンジのひとつだ。そこにあるベストを探すのが大事

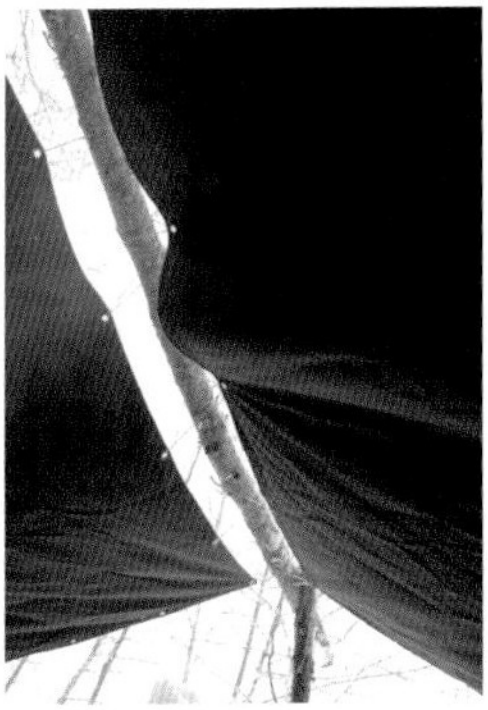

POINT

屋根にできるすき間は煙突になる

幕下で焚き火を行う場合には、排煙を考えなくてならない。焚き火の煙がタープの間から上るようにすき間を開けておくといい

2枚のタープを合わせて大空間を

ベーシック・リーン・トゥー（P102）の変形で、2枚のタープで合掌屋根を作り、雪上原野で居住空間を広く保つアレンジ。足元からスノーブロックを切り出して掘り下げ、そのスノーブロックですき間を埋めていくことで、効率よく居住性を高められる。

焚き火台や丸太を使って中にかまどを作れば、雪上でも快適に眠りにつける。ただし、一酸化炭素中毒を防ぐために、中で火を扱う際には2枚のタープのすき間を開け、入り口は閉めてはならない。

張り綱1本で2つのタープを連結するように張るので、ロープは太めのものを選ぶこと。細いと、降雪によって屋根の対荷重限界を超えてしまうこともある。降雪による倒壊は危険なので、交代で雪下ろしをしたほうがいいだろう。

また、融雪した場合、アンカーが気温が下がる深夜に再度凍結し、後で抜けなくなってしまったり、ラインが凍ってしまうこともあるので、水分を含んでしまう天然素材は避けるようにしたい。

GROUND HAT | グランド・ハット

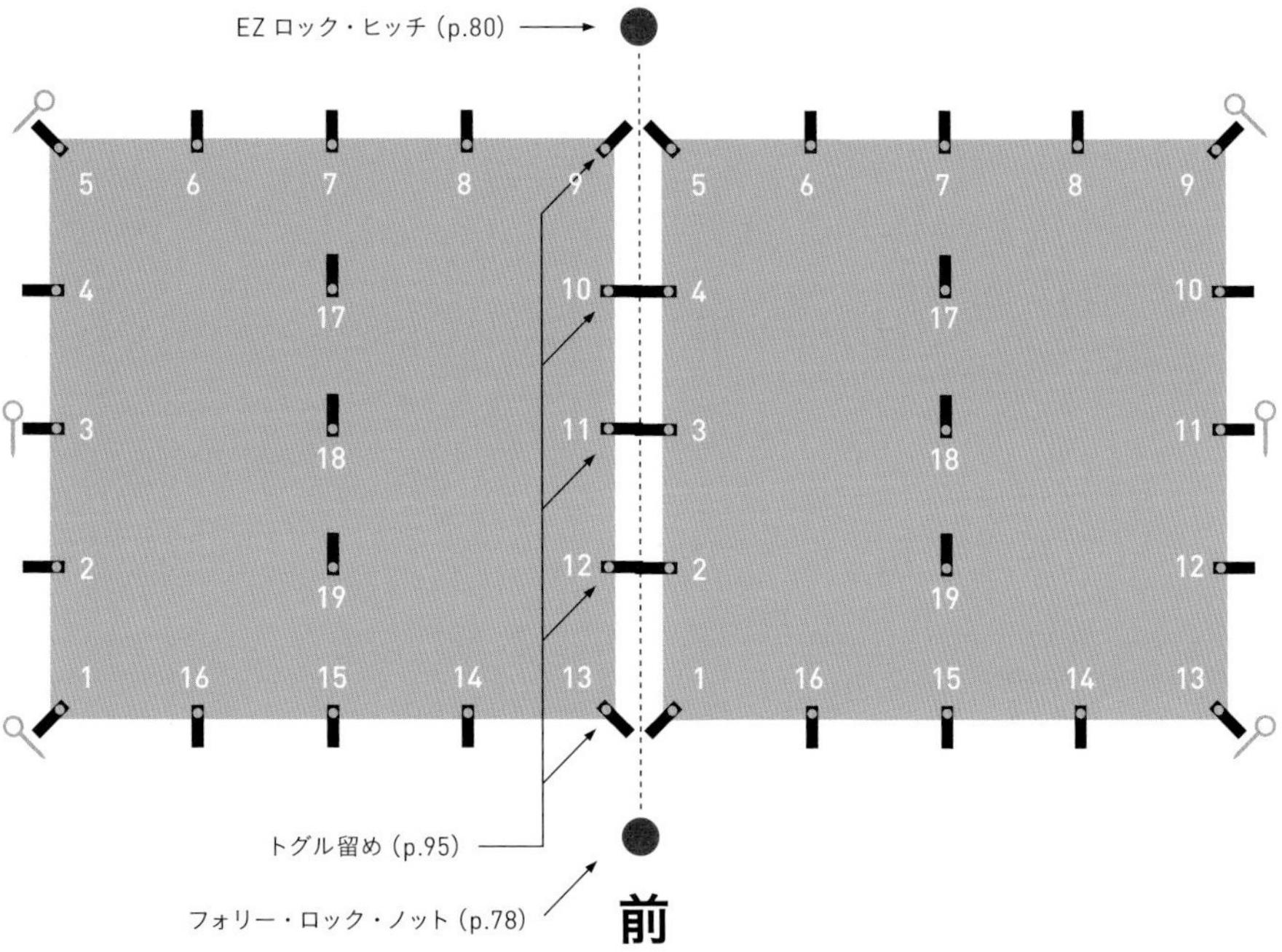

【使用するもの】

スクエアタープ(3×3m)

---- 張り綱1本

ペグ6本

● 立ち木、もしくはポール

【張り方】

❶中心に張り綱を渡す。この段階でしっかりと張っておく。❷張り綱を中心に向き合うようにタープを配置。向かい合ったアタッチメントを張り綱に留める。図では左の9、10、11、12、13と右の1、2、3、4、5を留める。❸左右の末端の1、3、5と9、11、13をペグダウンして完成だ

レクリエーション向け

18 サイド・オーニング

アウトドアで移動手段として車を使うことも多いはずだが、これもうまく利用したい。専用のサイドオーニングも販売されているが、安価なアタッチメントを使用しタープを張るだけでも屋根が作れる

POINT

使用するアタッチメント

ガーデンオーニング用のクランプとフック付きの吸盤を、車用として流用する。レールがある車にはクランプを、そのほかの場合には吸盤タイプを選ぶといい

POINT

吸盤タイプは汎用性が高い

吸盤タイプはフラットな場所ならどの車にも装着が可能だ。フック部分を倒すと吸着する。対荷重は5kg以上あるといい

手軽にできるカーサイドオーニング

雨天時やちょっとした日除けが欲しい時に、クルマを利用して手軽に屋根を作ることができる。もちろん、自動車のレール用として販売されているアタッチメントを使えばそれも簡単なのだが、こうした専用の道具は専門店などでしか販売されておらず、旅先で入手しにくい場合が多い。そこで、ここではホームセンターなどで入手しやすいものを利用して設営する方法を紹介しよう。

使うのは、タープに穴を開けずに固定できるシートクランプか、オーニングフックの吸盤タイプのもの。バンのように雨どい状のレールがある車ならクランプを使い、それ以外では吸盤タイプを使う。どちらも着脱は簡単で、これにタープのアタッチメントを掛けることで、車のサイドオーニングが素早くできあがる。

サイドオーニングは車の装備品としては高価なものになってしまいがちだが、このようにちょっとした道具があれば簡単に作り出せる。

SIDE AWNING | サイド・オーニング

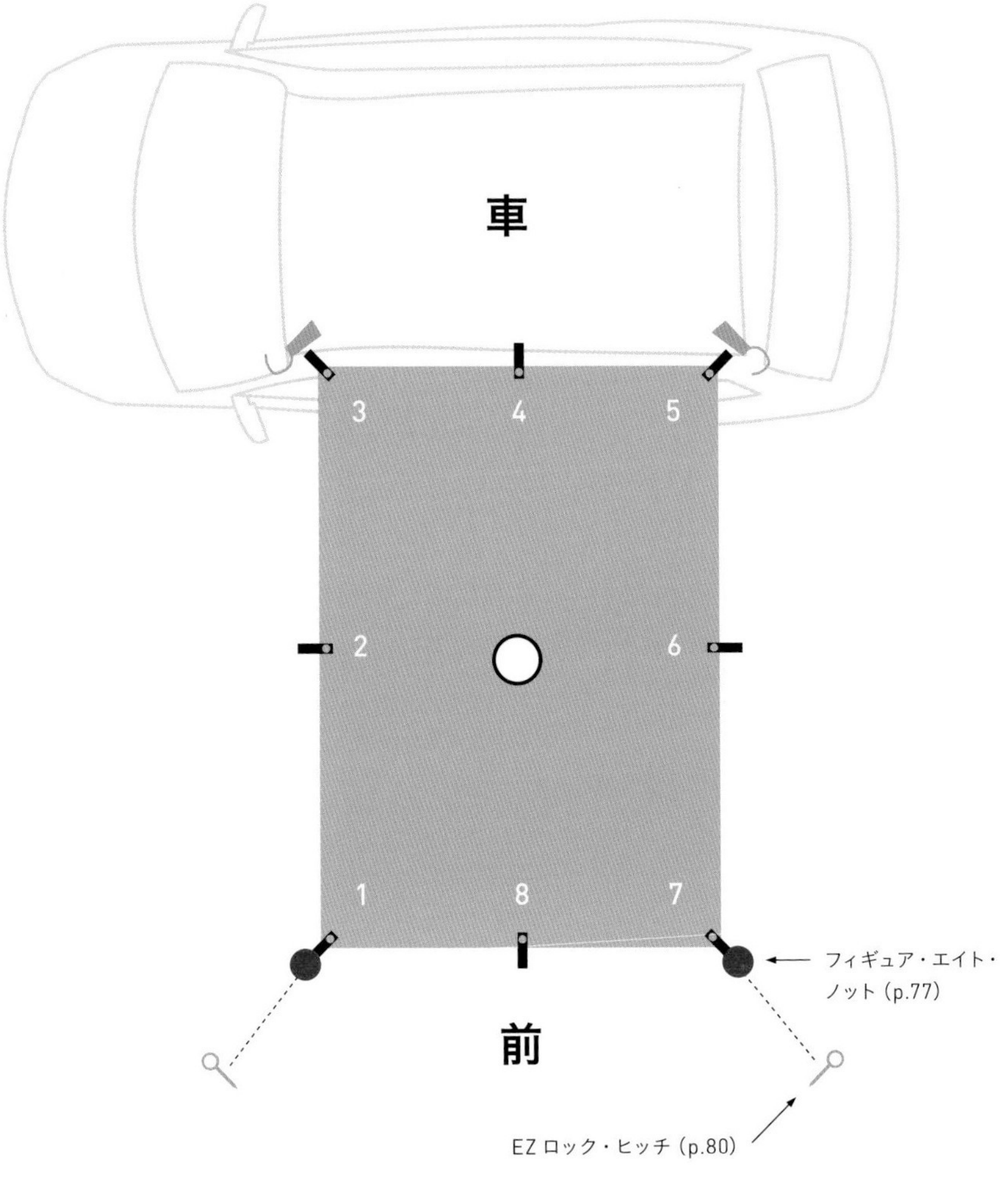

【使用するもの】

ポンチョタープ(2.1×1.45m)

---- 張り綱2本

ペグ2本

カーサイドフック2本

● 立ち木、もしくはポール

【張り方】

❶3と5に取り付けるクランプをレールに取り付ける。❷3と5を取り付けたフックに掛ける。❸1と7のアタッチメントにポールを追加してペグダウンする。

19 Aフレーム・ストーム

嵐など悪天候にも対応するAフレーム

タープワークの基本形であり、使い勝手もいいAフレーム（P168）だが、風が通りやすく、捲れ上がりやすいという欠点もある。そこで、後ろ側に壁を作り、悪天候時にも対応できるようにしたのが、この方法だ。

張り綱を前後に1本通すと、後ろの壁が作れないので、前後の辺のセンターから張り綱を伸ばし、タープを吊る。この時、風下側を低く設営し、壁の底辺は接地させるようにする。こうして各所をペグダウンするだけなのだが、吹き流し状態にならないので、雨や風に対し抜群に強くなる。耐風性をもっと高めたい場合は、リッジラインを下げてさらに低く張ればいい。

奥行きのあるシェルターのようになるので、雨天時でも奥側に寝床を作れば、よほどの強風でない限り雨が吹き込んでくることはない。悪天候に強いし、設営時間も短くて済むので、いざという時にとても頼りになる方法だ。

A FRAME STORM | Aフレーム・ストーム

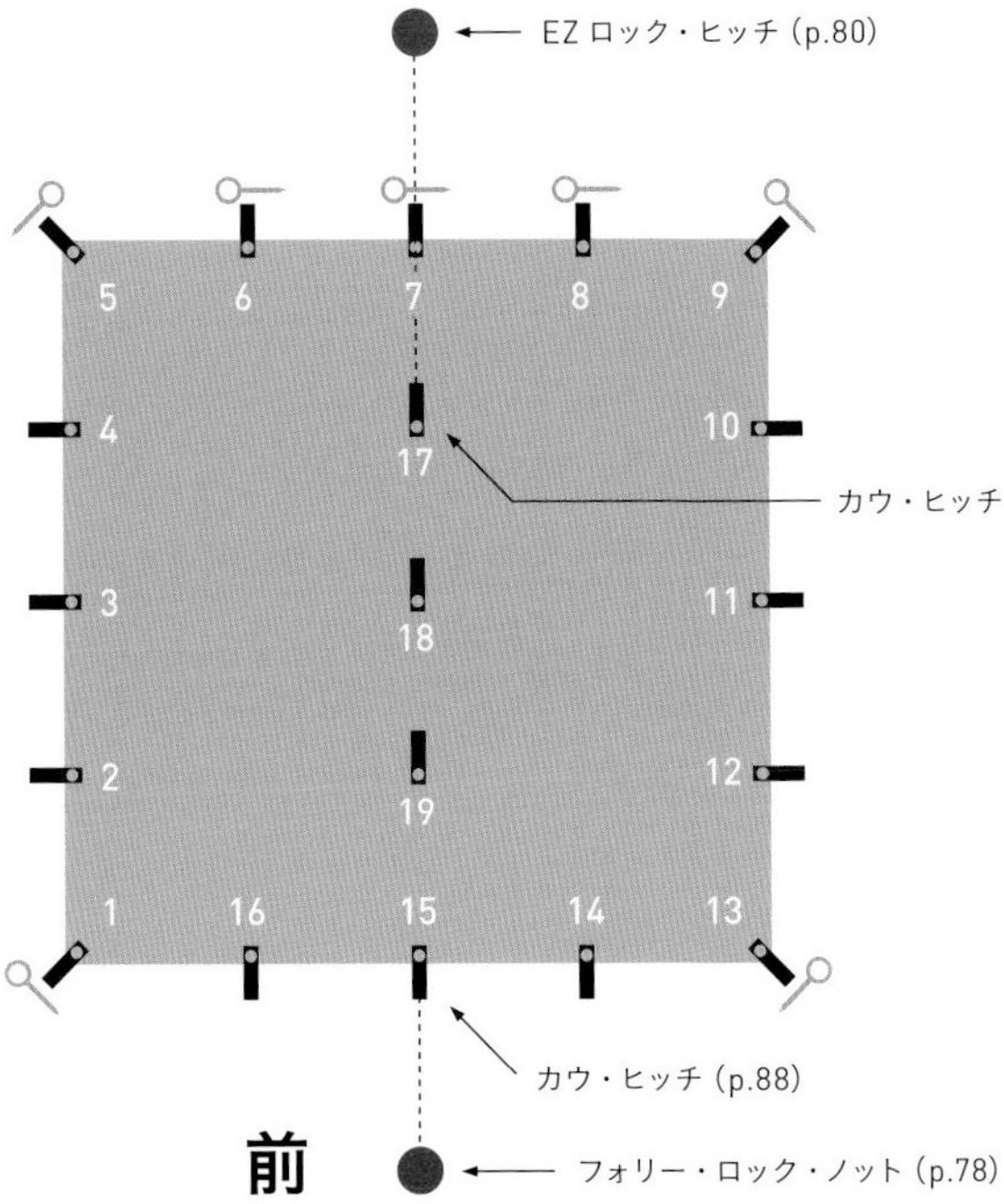

【使用するもの】

スクエアタープ(3×3m)

---- 張り綱2本

ペグ7本

● 立ち木、もしくはポール

【張り方】

❶張り綱は高低差をつけて、後ろ下がりにして張る。❷15と17から張り綱を伸ばし、立木に固定する。❸1と13をペグダウンする。❹7をペグダウンしてリッジラインを決める。❺5と9を外側に引き、バランスを取りながらシワを取りペグダウン。❻6と8をペグダウン

POINT

足元に壁を作り雨風に強くする

後ろ側を低く張り壁を作るとともに、後方を広めに張り、風を受け流すように設置すると、Aフレームタイプでも風雨に強く張ることができる

防風タイプ

20 フォレスター・ハンチバック

低く長く鋭角に設営するアレンジは、横から見ると航空機の翼の断面のよう。風を利用して幕を押さえ付けるのは、悪天候時に有効な方法だ。居住性は少し犠牲になるが、倒壊しない工夫が盛り込まれている

POINT

アタッチメントは現場で追加する

左図の19のリフターが使えればいいが、形状のバランスが悪くなってしまうようなら、適所に小石などを利用してコブを作り、アタッチメントとして使用する

POINT

地を這うような低いフォルム

後ろから見たフォルムは、かなり低くフラットな印象だ。このフォルムが、すくい上げるような強い風でも受け流してくれる

強風時のビバークで役立つアレンジ

タープというよりフロアレスシェルターのようなイメージで捉えるとわかりやすいアレンジ。低く鋭いフォルムのこのアレンジは特に風に強く、地を這うように吹き付ける風をダウンフォースに変える。張り綱が短いので風で暴れる心配もなく、悪天候に見舞われた際には強い味方となる。

設営方法は独特で、後部を折り紙のように重ねてペグダウン。この部分は風を受けても幾分膨らむ程度で風を受け流す。受け流し切れない場合は、折り込んだ部分を広げ低くするといい。

前側の庇は雨風が入るのを抑えるが、垂れ下がっている部分を伸ばしてペグダウンすれば、さらに吹き込みが軽減される。出入りのしやすさを考えるとペグダウンしないほうがいいが、風が吹き荒れる場合は固定したほうが安心だ。

前側の張り綱は、小石を包んだコブ状の部分に結ぶと幕体の負荷が掛かる表面積が増え、縫い付けのアタッチメント部分を使うより強くなる。

FORRESTER HUNCHBACK | フォレスター・ハンチバック

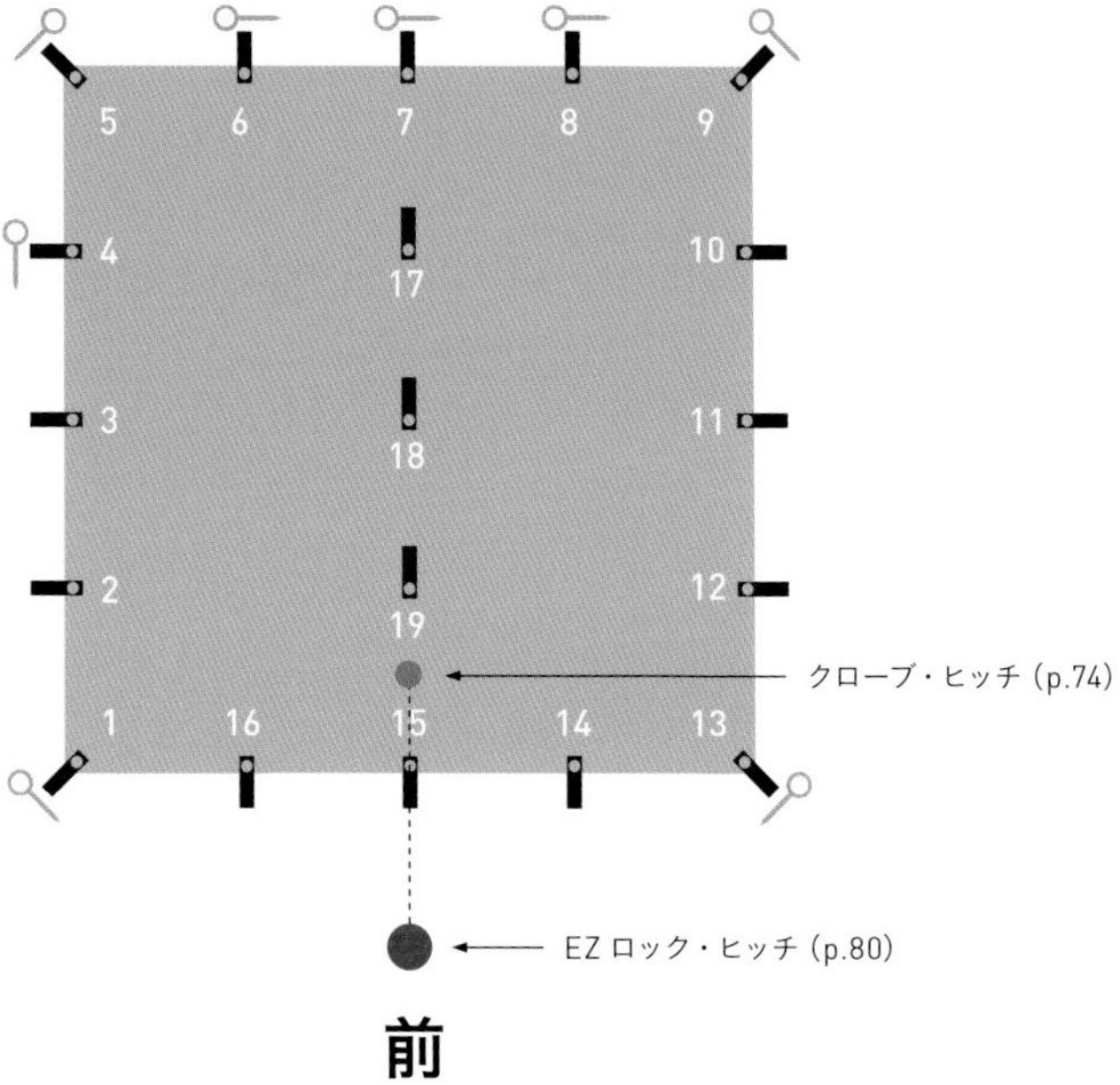

【使用するもの】

スクエアタープ(3×3m)

---- 張り綱1本

ペグ6本

立ち木、もしくはポール

小石

【張り方】

❶15と19の間にタープで小石を包み、そこに張り綱を結んだら、立ち木などを利用し高い位置に固定する。張り綱は自在でテンションを調整できるようにしておく。❷1と13をペグダウンして張り綱の位置を決める。❸6と8をセンターでまとめてペグダウンする。❹5と9をシワを取りながらペグダウンしてテンションを掛ける。❺7を4に向けて折り返し、まとめてペグダウンして完成

21 ハーフ・コーン・フライ

圧迫感が少なく安心感が得られる

ハーフ・コーン・フライというこの張り方は、フロント部分を３本の張り綱でコーン状に立ち上げた独特なフォルムを持っており、まるで野営用の寝袋のビビィサックのようだ。

後方は辺の中央をペグダウンし、両サイドは内側に折り返してフロアを作る。そして、前側は辺の中央を立ち木などを利用して持ち上げ、その両脇のアタッチメントは落枝やポールを使って位置を高くし、大きな開口を確保する。

基本的には、緊急時や急遽野営を強いられた場合に展開するアレンジであり、休憩を取るためだけのミニマムなタープスキルである。ほかのビビィタイプの張り方と比べると中にいて圧迫感がないので、行動中の思わぬアクシデントでケガを負ってしまった仲間を一時デポする際や、救助依頼後のレスト用にも適している。アウトドアだけではなく災害時であっても役立つアレンジなので、ぜひ覚えておきたい。

HALF CONE FLY | ハーフ・コーン・フライ

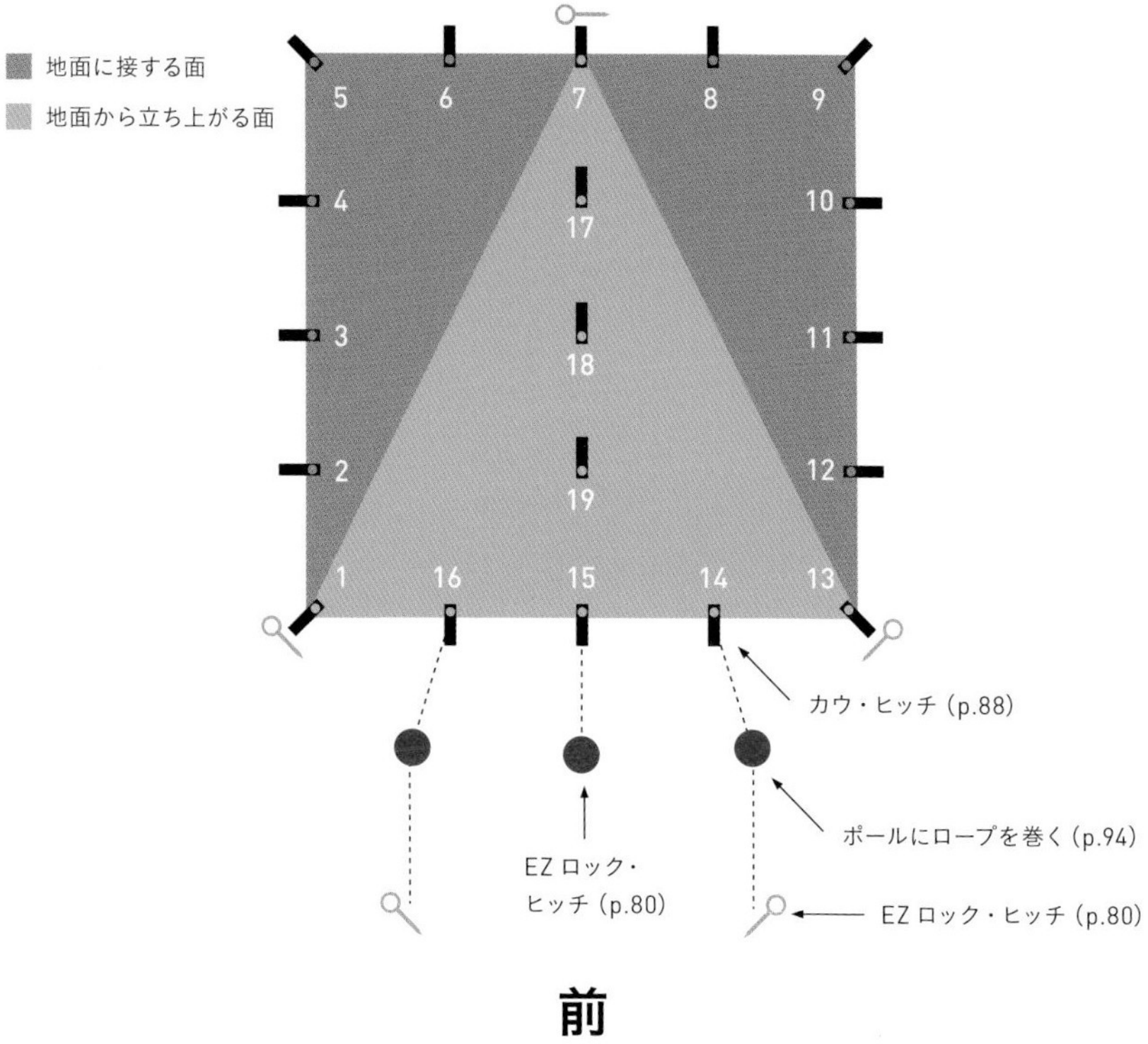

【使用するもの】

- スクエアタープ(3×3m)
- ---- 張り綱3本
- ペグ5本
- 立ち木、もしくはポール

【張り方】

❶張り綱を**15**から取り、ポールや立ち木に留める。❷**16**と**14**に張り綱を張り、ポールや枝を利用して均等な高さにする。❸**1**と**13**をペグダウンして**15**をしっかりと引き上げる。❹**7**を引きながらペグダウンして形を整える。❺残りを内側に折り返してグランドシートにする

22 ボディ・バッグ

野営向きの筒状ビビィバッグ

ボディ・バッグ、すなわち「死体袋」という、何とも物騒な名前のシェルターだが、実際には簡易的な野営ができるビビィサックとしてオススメのアレンジである。

設営は簡単で、タープを四つ折りにして、底面のみを二重で使用し、残りの二面を屋根にする。筒状なので張る時にイメージがしやすく、初心者でも設営しやすいのではないかと思う。

この張り方のメリットは、内部にある程度の空間があること。筒状の空間は広さがどこも均一で足元が狭くならないので、荷物を置くスペースが容易に確保できてありがたい。

また、サイドのペグを抜けば、屋根が跳ね上げ式の扉となり、横からも出入りができるようになるので、数人で使用することも可能だ。

設営が素早くでき、広さもあるので、休憩や就寝用としてだけではなく、屋外に荷物を一時的に保管しておくストレージとしても活用できる。

BODY BAG | ボディ・バッグ

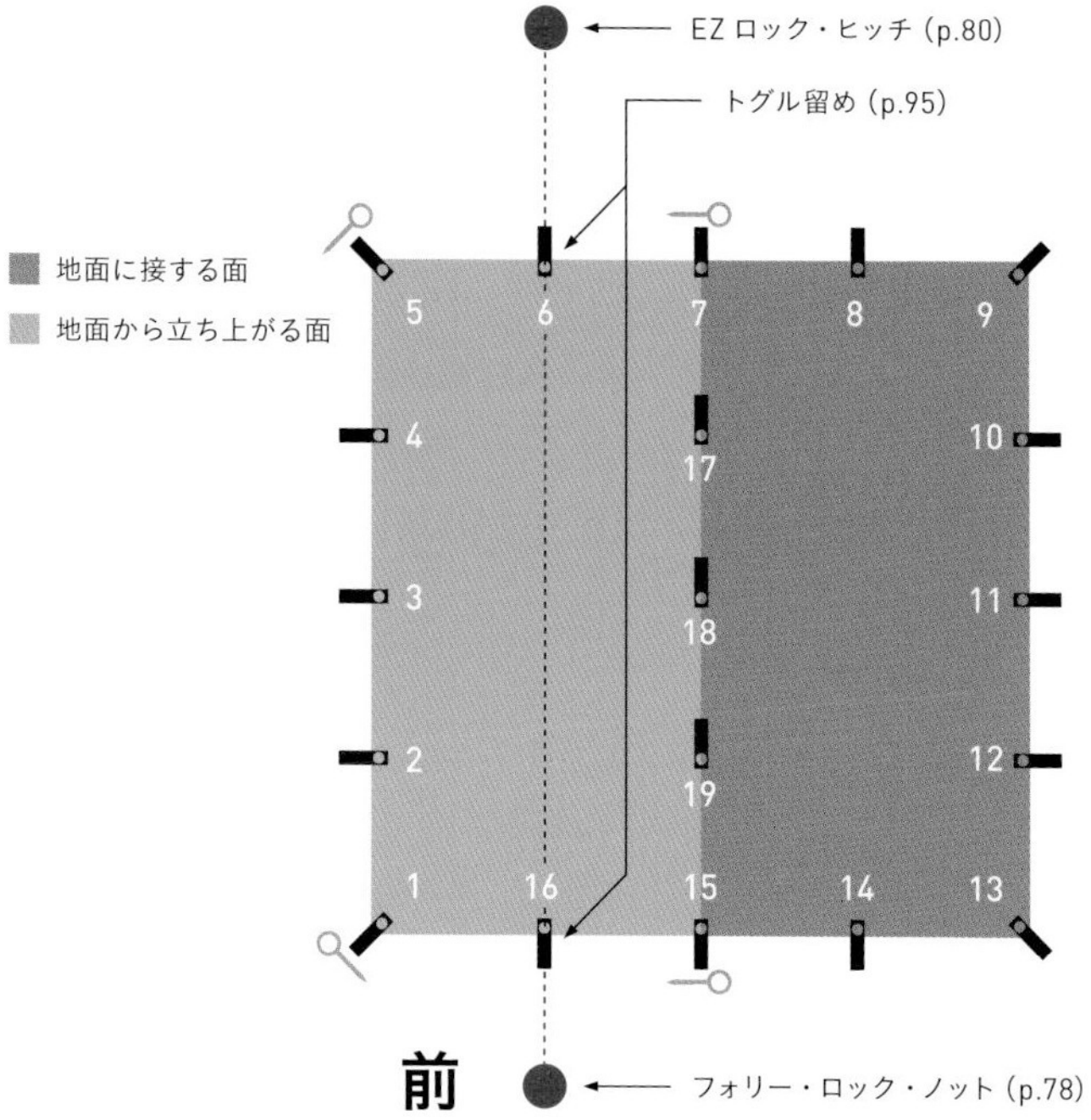

【使用するもの】

スクエアタープ（3×3ｍ）

---- 張り綱1本

ペグ4本

● 立ち木、もしくはポール

【張り方】

❶張り綱を横渡しに張る。 ❷小枝を使って、6と16を張り綱に固定する。❸Aフレームのように展開し、7と15をペグダウンする。 ❹7と15から内側に折り返し、1と15、5と7をペグダウンする。 ❺残りを折り返して二重のグランドシートにする

POINT

ペグダウンの数は最小限にしておく

重なり合うアタッチメントは、ペグダウンの際に1本のペグで同時に留めるようにする。ペグ同士が干渉したりするので、ペグダウンの数は必要最小限にしておいたほうがいいだろう

23 ビビィバッグ・コーネット

小さな土間付きで煮炊きもできる

これもビビィサックタイプのアレンジだが、庇を設けてミニマムな土間空間を作っている。

タープの角1点をペグダウンし、その対角を持ち上げたら、両サイドを内側に折り込み3角形のフロアを作る。ペグ3本、張り綱2本だけで済む、シンプルな張り方である。

ほかのビビィサックタイプの張り方同様に足元が狭いが、内側に折り込んであるのでサイドからの雨風の吹き込みはない。また、足元に対し上半身側はそれなりのフロア面積があり、暖かい時期であればこのままで就寝可能となる。庇の下の土間は決して広くはないが、ガスバーナーを使用しての湯沸かし程度なら可能だ。

快適性が高いというわけではなく、あくまで緊急用のアレンジだが、フロント側の張り綱を自転車などに巻き付けてペグダウンすれば、立ち木やポールがなくても設営が可能なので、自転車のツーリングキャンプで使うのもいいだろう。

BIVIBAG CORNET | ビビィバッグ・コーネット

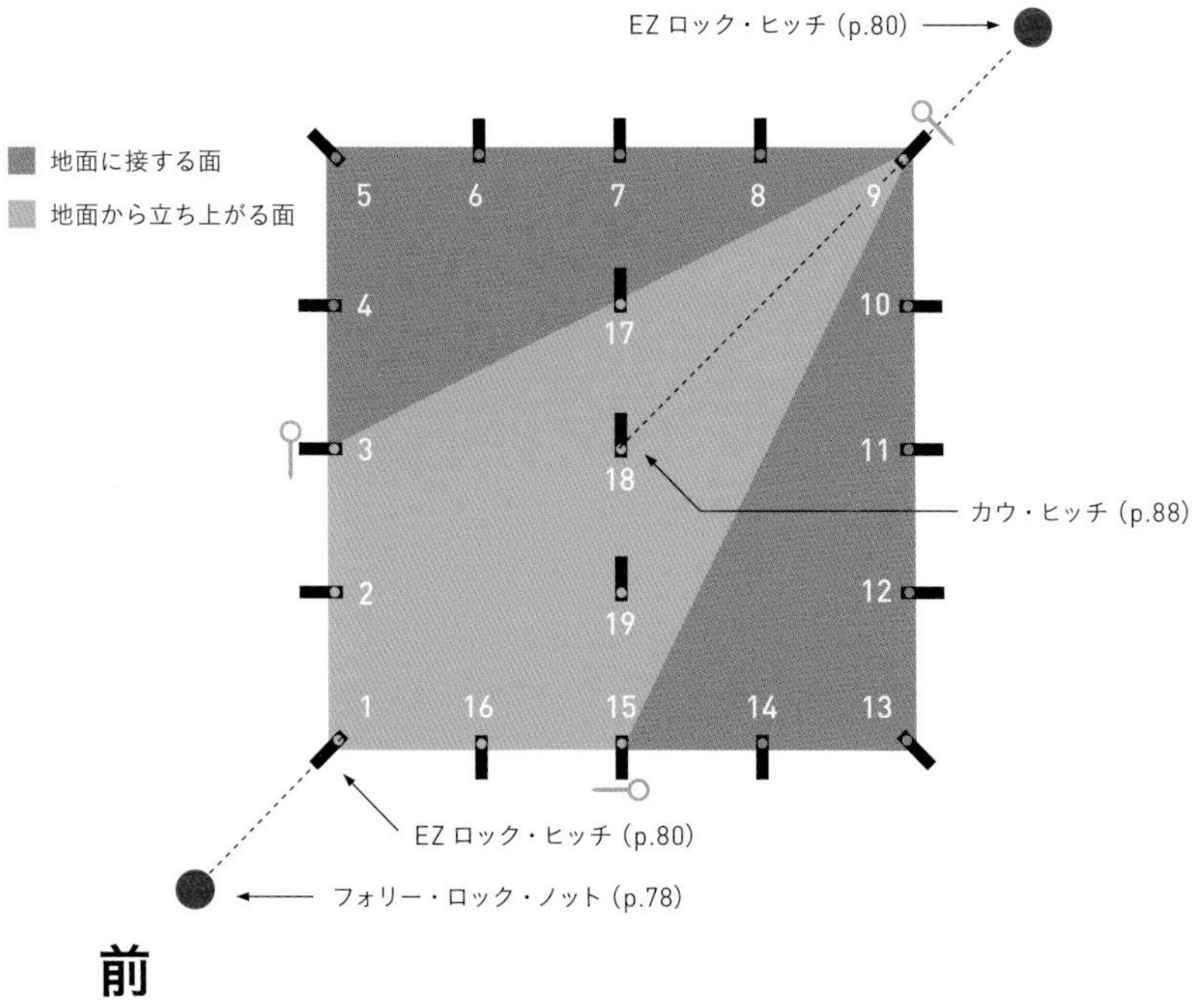

【使用するもの】

スクエアタープ(3×3m)

…… 張り綱2本

ペグ3本

立ち木、もしくはポール

【張り方】

❶1から張り綱を取り、立ち木やポールに止める。❷リッジラインを作ることを意識しながら、テンションを掛けて9をペグダウン。❸幕のシワを取るようにしながら、3と15をペグダウンする。❹残った生地を内側に折り返し、グランドシートにする❺18から張り綱をとってリフトアップ

24 ビビィバッグ・ハンチバック

スペースが狭くても設営可能

ひとりがギリギリ寝られる程度のスペースがある、ビビィサックタイプ。快適度が高いとはいえず、基本的には緊急用となるが、狭いスペースでも設営できるので、サバイバル山行などでも積極的に使用できるスタイルだ。

足元が閉じられた形で、風に対して吹き流し状態にならないうえ、両サイドを内側に折り込んだフロアを入り口まで設けてあるので、ペグダウンの力以外に使用者の体重でも幕を押さえることができる。足元をリフトアップするとともに、内側に枝を立ててたわみがちな尾根部分を支えることによって、内部空間を確保している。登山の時であれば、枝ではなくトレッキングポールを使用してもいいだろう。

なお、こうしたビビィサックタイプは、幕面と体が近くなるため、呼気などで結露する場合がある。寝袋を使う場合はシュラフカバーを使うなどの対策をしたい。

BIVIBAG HUNCHBACK | ビビィバッグ・ハンチバック

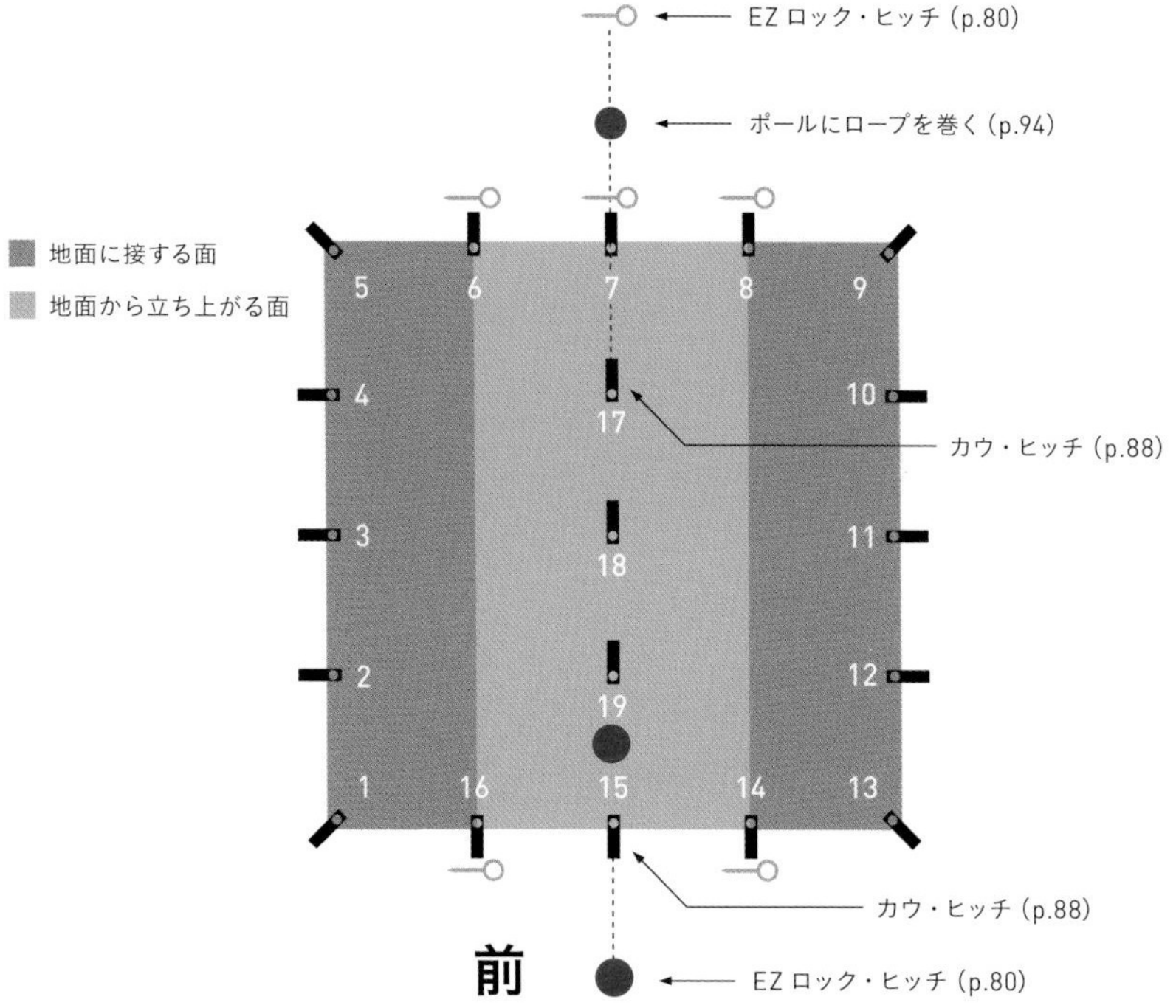

【使用するもの】

スクエアタープ（3×3m）

---- 張り綱2本

ペグ6本

● 立ち木、もしくはポール

【張り方】

❶15から張り綱を取り、立ち木やポールに留める。❷17に張り綱を設置し、ポールや枝で留める。この時15より低くなるように設置する。❸14と16をペグダウンする。❹シワを取りながら6、7、8をペグダウンする。❺残った幕体を内側に折り返しグランドシートにする。❻適当な枝を入り口付近に設置して高さを確保する

25 Aフレーム

必ず覚えたい基本中の基本

Aフレームは基本中の基本といえる張り方。使用できる面積が広くて雨にも強く、アレンジもしやすいので、さまざまなシーンで使われている。

ただし、きれいに張るには慣れが必要である。このAフレームの形自体を作るのは難しくないが、膜面にできるU字のシワを取り除くのが難しいのだ。シワくらいいいのではないかと思うかもしれないが、幕の耐水性を最大限生かすためには、このシワをなくせるかどうかが大切。幕面にU字のシワがあるとそこに水が溜まりやがて浸み込んでしまうが、U字のシワがなければ雨粒は重力に従い、浸み込む前に下に流れ落ちてくれる。これがタープの対水圧限界を超えさせないテクニックだ。

シワをなくすためには、尾根を作りAフレームのフォルムにしたら、幕の対角線で引っ張ることを意識しながらシワやたるみができないようペグの位置を調節する。この幕を張る方向や力の加減で、シワはきれいに消すことができる。

A FRAME | Aフレーム

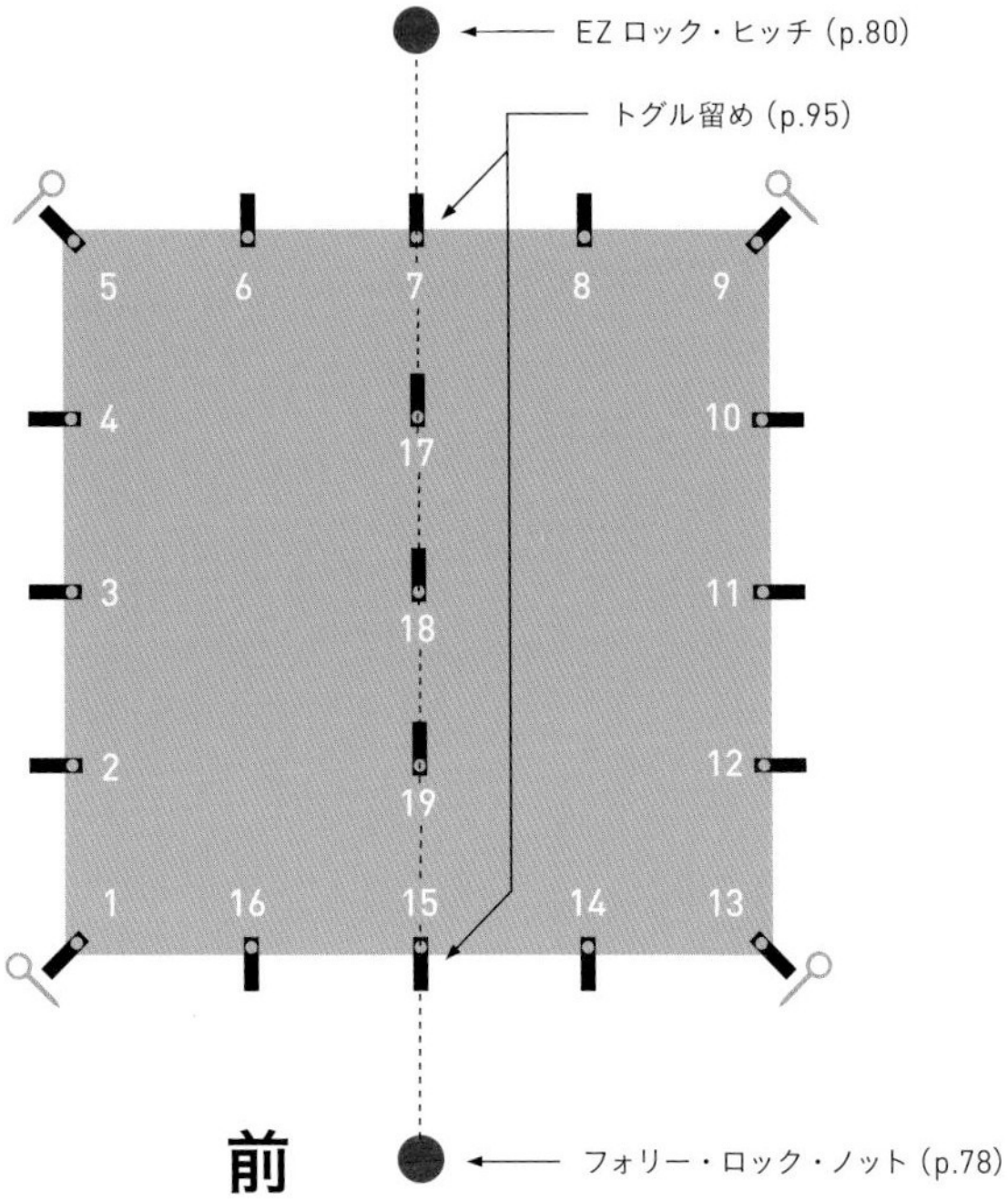

【使用するもの】

スクエアタープ(3×3m)

---- 張り綱1本

ペグ4本

● 立ち木、もしくはポール

【張り方】

❶張り綱を横渡しにして張り、タープを掛ける。❷小枝を使って、**7**と**15**を張り綱に固定する。❸**1**と**13**をペグダウンする。❹**5**と**9**をペグダウンする。❺**1**と**9**、**5**と**13**のように対角線でテンションを調整し、タープのシワを取る

POINT

タープをライン上で広げると作業しやすく、汚れが付きにくい

このAフレームのように、張り綱にタープを掛けて設置するものは、タープを張り綱に掛けてから広げていくほうが作業しやすく、汚れも付かない

26 スター・テント

フルクローズ状態のティピー型タープ。タープでありながら名称はテントだ。使用感はコンパクトなフロアレスティピー。もちろん入り口を作ることもできるが、悪天候時はオープンにせず下から潜り込むようにする

VARIATION

エントランスを作ることもできる

風が吹き荒れていなければ、写真のように入り口を設ければ出入りもストレスなく行える。また通気性もこれで上がる

密閉型だが、居住性は高い

スター・テントは、ハンギング・ダウン（P188）の派生系で、内部を密閉できるアレンジだ。枝や張り綱から幕の中央をハンギング、つまりぶら下げて高さを限界まで上げ、辺をペグダウン。密閉した室内の居住性を上げ、強い風と雨に耐えるための形状を作る。

近年、突然の集中豪雨が頻発しているが、フィールドで装備や衣服を濡らしてしまうと命の危険にもつながりかねない。自らを守る行動を取る必要がある場合に有効な緊急ビバークの方法として覚えておくといいだろう。

しかし、私の場合は緊急時のみに使用するかというとそうでもなく、密閉空間が欲しい時に多用している。それは朝寝坊したい時、人の多いキャンプ場を利用する時、荷物をデポする時などである。寝る時には、対角線方向で横になる。また、辺の部分をロールアップして枝で留めれば、必要最低限のエントランスができあがる。

STAR TENT | スター・テント

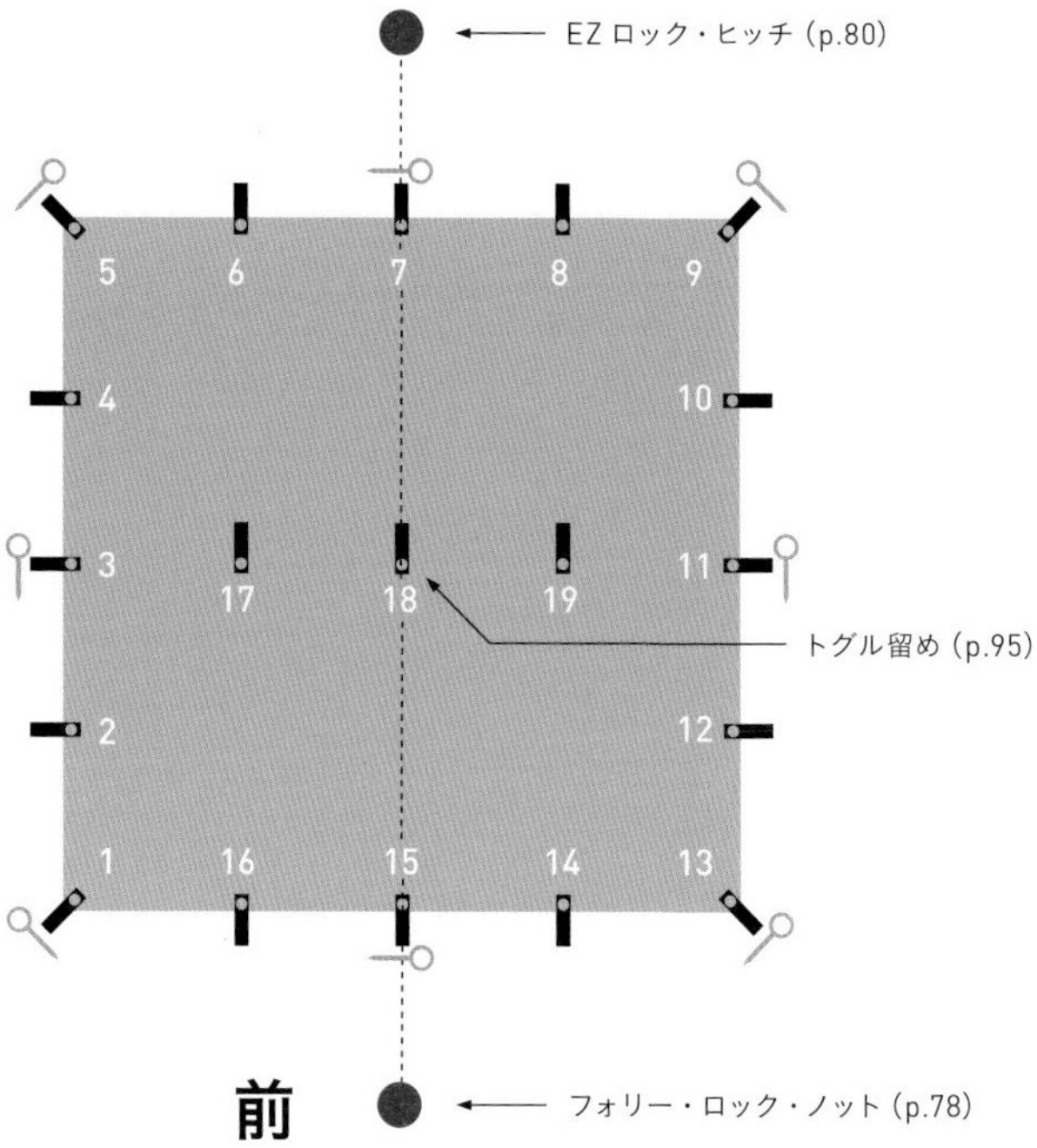

【使用するもの】

スクエアタープ(3×3m)

---- 張り綱1本

ペグ8本

● 立ち木、もしくはポール

【張り方】

❶張り綱を横渡しにして、18に固定する。❷対角となる1と9をペグダウンする。❸5と13をシワを取りながらペグダウンする。❹3、7、11、15をペグダウンする。この時、少し内側に入るようにする

POINT

エントランスを作る時は結ばずロールアップして固定する

エントランスを作る時は、タープをロールアップしたら、中心を半ひねりするようにして輪を作り、そこに細い枝を挿し込む。そうすると、ひねりが戻る力で枝との間に摩擦が生まれ、固定される

27 ダイヤモンド・ホールデン・ポール

荷物が多くても使いやすい優等生

狩猟をする際の私の定番の形。多用する理由は、設営が簡単で空間を広く取れるからである。

狩猟期は銃を携帯するため荷物が多くなるが、そういう時はタープ内を整理整頓することがとても大切なことになる。これは銃を安全に扱うのに、荷物が散らかり雑然としている環境は不適切だからだが、多くの荷物を整理する時に、少しでも広いほうが助かるのである。

また、銃自体長さがあるものなので狭いと安全に取り回しにくいし、就寝時には銃を分解し射撃できない状態にするので、そうした作業をするのにも空間に余裕が欲しい。そうすると、この張り方がもっとも適しているのだ。

また、冬の山岳地帯は夕方に風が強くなることが多いが、そんな時でも風を受け流してくれるこの形状は心強い。一日中歩き回って、夜は焚き火と睡眠。そんなアクティブなキャンパーにオススメしたいアレンジだ。

DIAMOND HOLDEN POLE | ダイヤモンド・ホールデン・ポール

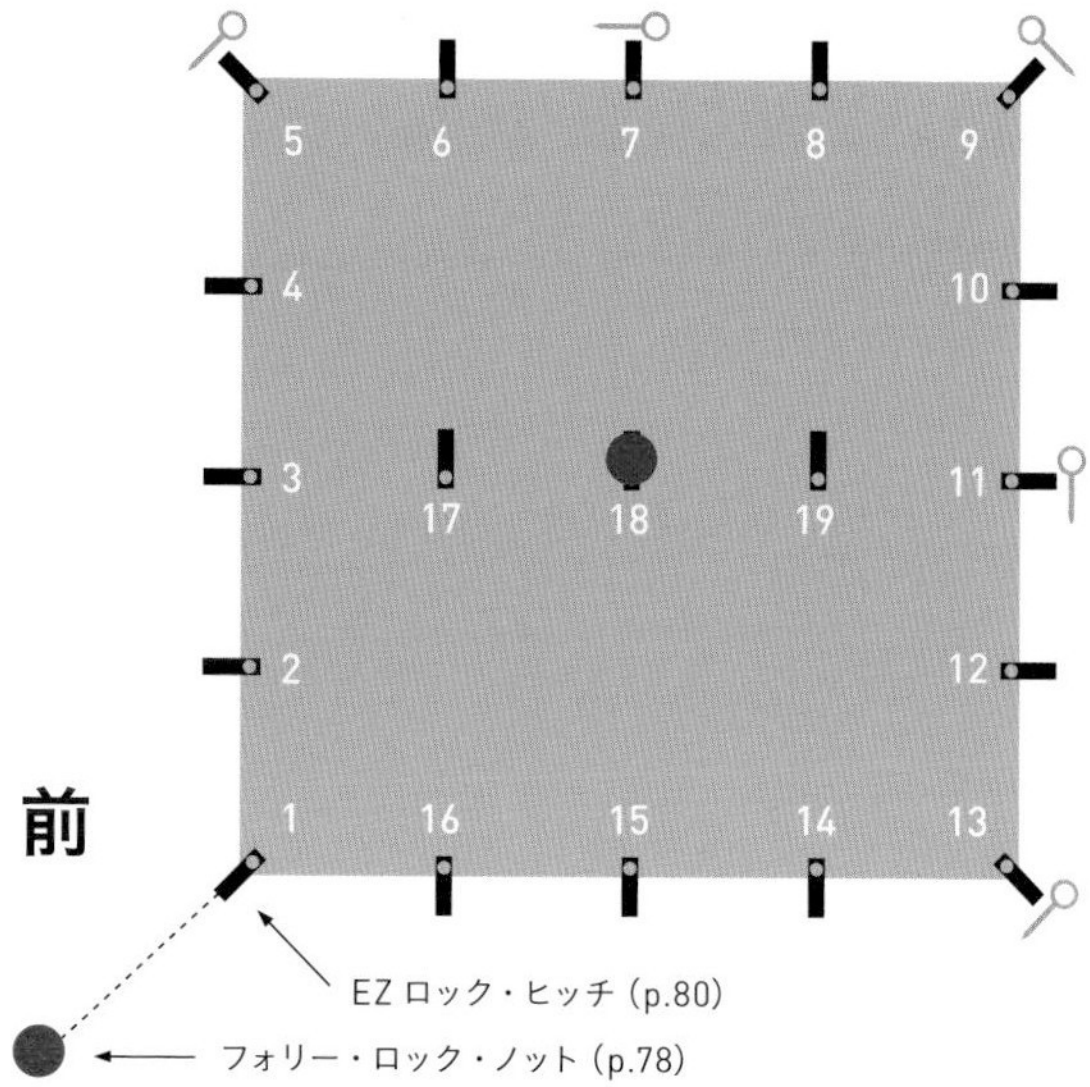

【使用するもの】

スクエアタープ(3×3m)

---- 張り綱1本

ペグ5本

● 立ち木、もしくはポール

【張り方】

❶1に張り綱を結び、ポールや立ち木に固定する。❷9を引きながらペグダウンし、リッジラインを作る。❸5と13をシワを取りながらペグダウン。❹7と11をペグダウンしたら、適当な長さの木の枝を、屋根を支えるように立てる

POINT

バランスよく張るひと手間

ペグダウンをする時には、まず仮留めをして全体的な張り具合を見ながら調整し、最終的な位置を決める。そうすることで、センターラインは維持しながら左右の張り具合を適切にできる

防雨タイプ

28 ステルス

テントのようなフォルムで、居住性が高い張り方。フルクローズして快適なプライベート空間を作ることもできる。見た目も面白く、SNSなどでもよく目にする人気の張り方だ

VARIATION

サイドを閉じて フルクローズ状態に

サイドに折り返し固定していた部分を外し、前側を閉じる。閉じる際には、ペグや枝をループに挿してかんぬき状にして留めるときれいに閉じることができる

POINT

室内の空間を広げて 居住性を高める

張り綱を後ろから伸ばして、たわんだ屋根を後方に引き上げる。こうすることで奥の低い部分を広げて空間を最大限活用できるようになる

見栄えがよく人気のスタイル

キャンプ場やSNSなどで目にすることが多いアレンジ。広いプライベート空間を作ることができるのが、人気の理由だろう。

しかし、焚き火を前提としたキャンプと考えると、不便なこともある。タープ内に熱を取り込みにくいし、雨天時にエントランス付近で焚き火をすると、どうしても入り口を塞いでしまう形で座ることになってしまう。もちろんガスバーナーなどがあればいいのだが、私はタープの大きな魅力は焚き火とともに過ごすことにあると思っている。単純に焚き火が好きだし、焚き火の熱を利用することで、寝具など荷物を軽量化できるからだ。

とはいえ、一般的なキャンプと考えると、非常に優秀なアレンジである。前方に設けた折り返しのペグダウンを外し、扉として使うことでフルクローズ状態にできる。フルクローズできるというのは、数種類のアレンジにしかない長所だ。また、内部は奥行きも高さもあって居住性が高い。

STEALTH | ステルス

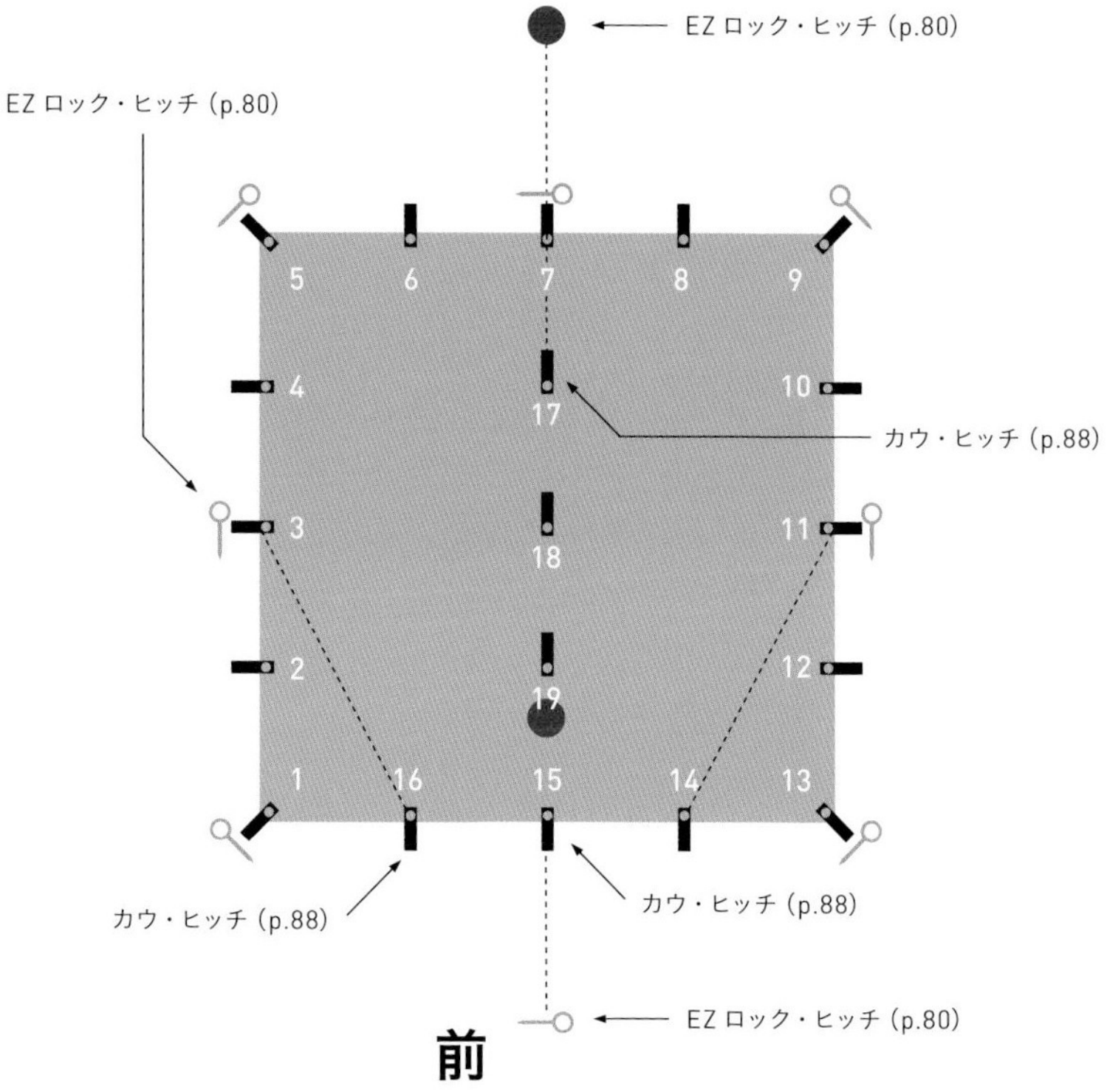

【使用するもの】

スクエアタープ(3×3m)
---- 張り綱4本
ペグ8本
立ち木、もしくはポール

【張り方】

❶3と11をペグダウンする。❷19付近に木の枝を立て、7をペグダウンすると自立する。❸15から張り綱を伸ばしペグダウンする。❹5と9をペグダウンしてバランスを整える。❺前側の幕を折り返し、16と14から張り綱を伸ばしたらそれぞれ3と11のペグに固定する。❺17から後方に張り綱を伸ばし、立ち木に固定して居住空間に高さを出して完成

防雨タイプ

29 ガニヤ

涼しく快適な空間を作れるAフレームタイプのアレンジ。屋根の前後が斜めに落ちていく形で、Aフレームと比べて風通しがよく、焚き火をしても煙がスムーズに抜けてくれる。夏のキャンプにオススメの張り方だ

POINT

結露してできた水滴は斜めのラインを伝って落ちる

屋根が斜めに落ちているので、結露した時に水滴が幕のエッジを伝って下に流れ、狭い範囲に集まる。水滴が広範囲に及ばず快適だ

ジメジメした梅雨の時期に最適

設営が簡単で、大きな庇と素直な幕面を持っているので、私は雨天時にこのアレンジをよく使う。雨天時といっても短期間で激しく降るものではなく、シトシトと長く続く雨の際に焚き火とともに活用することが多い。理由は、通気性がよく焚き火の熱を取り込むことで、タープ内の結露を防ぐことができるからだ。梅雨の時期や夏には過ごしやすいアレンジだろう。

私はこのスタイルで沢沿いの一段高いところで過ごすのが好きだ。夏の日差しを遮り、沢の涼しく爽やかな風を取り込めるからである。あるいは、ツーリングキャンプで使うと、開放的だが安心できる屋根の下で、夜空を楽しむこともできる

また、2張りを45度の角度で並べて入り口の一片を合わせ「く」の字形を作ると、それぞれのプライベート空間は確保しつつも焚き火を共有することができる。2張りを想定したアレンジもあると、タープワークの世界がより広がる。

GUNYAH | ガニヤ

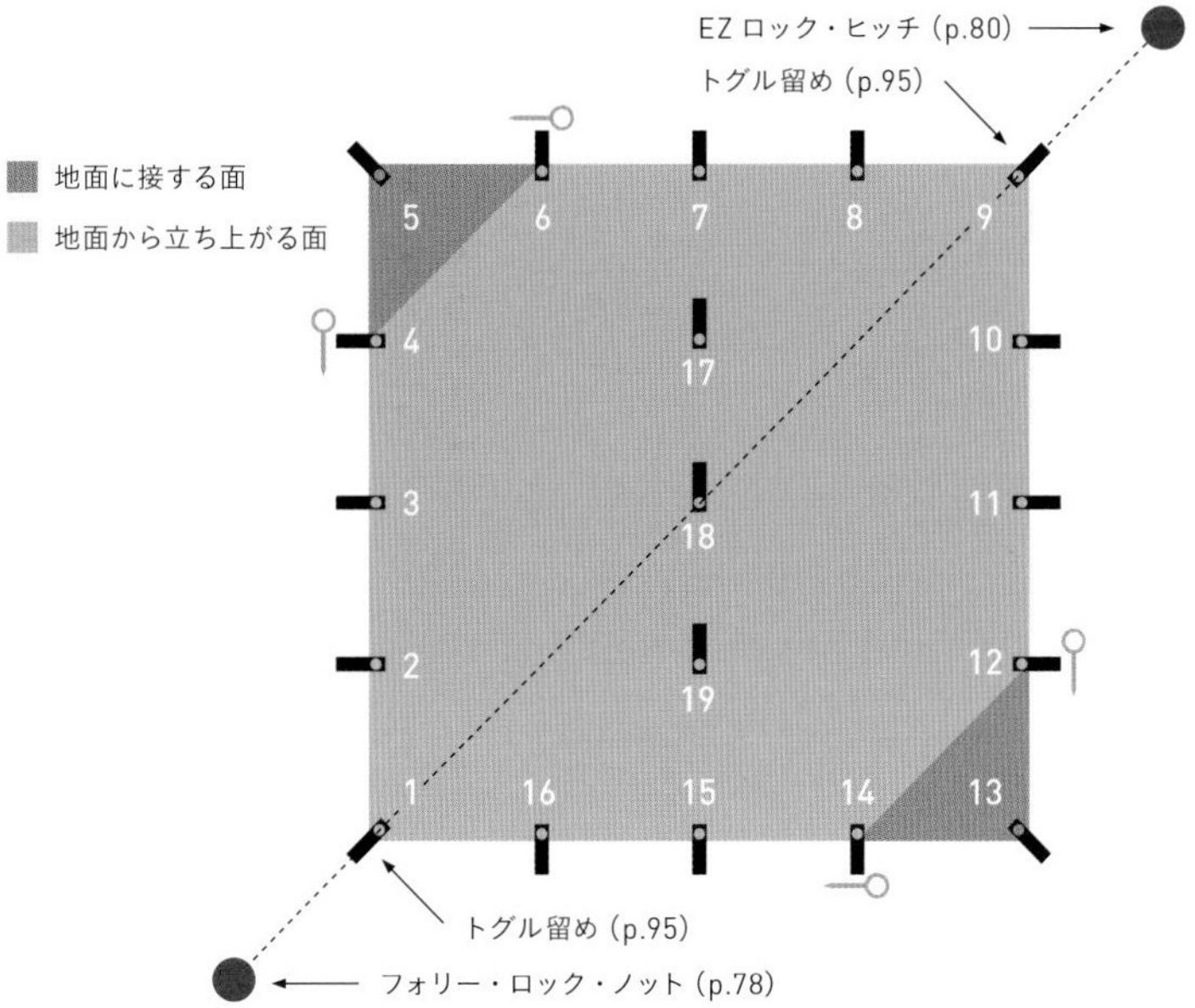

前

【使用するもの】

スクエアタープ(3×3m)

---- 張り綱1本

ペグ4本

● 立ち木、もしくはポール

【張り方】

❶横渡しに張り綱を張る。❷タープを張り綱に被せ、小枝を使って1と9を張り綱に留める。❸裾部分を内側に折り返し、4と6、12と14をペグダウンする。この際も対角線を意識し微調整するといい。残った幕は内側に折り畳んでおく

POINT

張り綱を長めにしておくと作業効率がアップ

タープを掛けたままでも張り綱を調整できるように、張り綱を長めに取り自在部分がタープの下に入らないようにする。そうすると作業がしやすく、タープを固定した後でも調整できるようになる

30 フル・クローズ

状況に合わせ全閉できる可変型

前側を跳ね上げれば開放的で、焚き火もすることができ、また、天候やシチュエーションによってフルクローズにもできるアレンジ可能。

庇を展開すれば広く使えるが、フルクローズ状態だとシェルターサイズで、居住空間は最小限となる。とはいえ、プライベート空間を作り出したい時にはありがたい。

ブッシュクラフトのシーンでもよく見かける張り方だが、キャンプ場利用の際に隣のサイトと距離が近くても視線を気にせず就寝できるので、ソロキャンプにもオススメできる。設営も、形状を理解してしまえば簡単で、時間もかからない。ビギナーにも扱いやすく、悪天候にも強いというのが、この張り方の魅力だ。

注意点としては、フルクローズ状態だと、ベンチレーションがないため結露しやすくなる。そうした場合は、全閉せずに少しすき間を開けて風を通すだけで結露を軽減できる。

FULL CLOSE | フル・クローズ

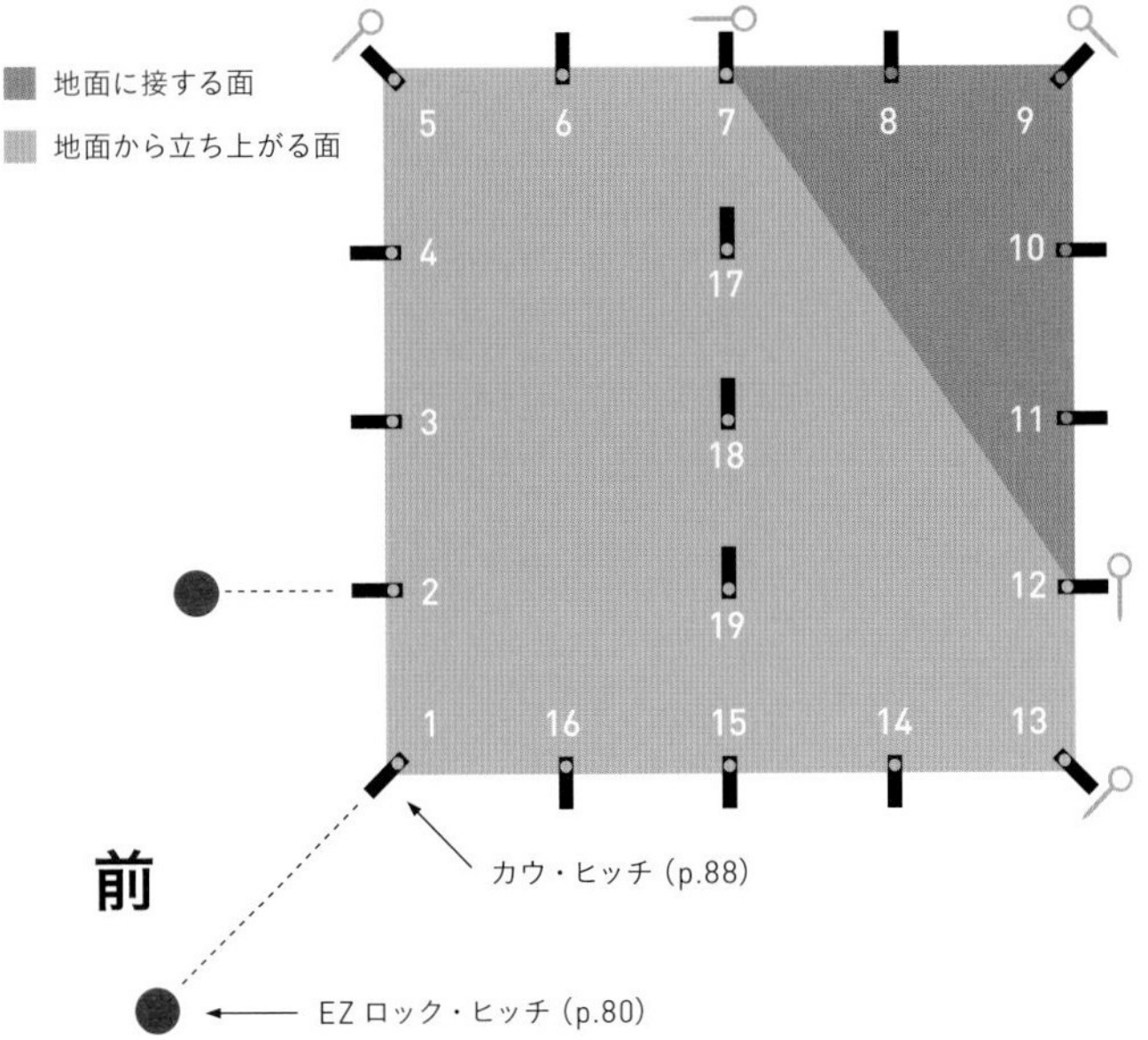

【使用するもの】

スクエアタープ(3×3m)
---- 張り綱2本
ペグ5本
● 立ち木、もしくはポール

【張り方】

❶2に張り綱を結んで立ち木やポールに固定する。❷13をペグダウンしリッジラインを作る。❸7と12をペグダウンしグランドシートのように折り返す。❹5を前方に折り返すようにペグダウンする。❺1に張り綱を設置してポールか立ち木に固定する。❻最後に9をペグダウンして完成

VARIATION

**庇部分をペグダウンすれば
ソロテント感覚でも使える**

庇を下げてグラウンドシート部分に寄せるようにペグダウンすると、テトラテントのようなフォルムになり、ミニマムなプライベート空間を作り出せる

31 ハーフ・ピラミッド・ウェッジ

開放的で風にも強い

このハーフ・ピラミッド・ウェッジは、アディロンダック（Ｐ１１４）と似たアレンジだが、背中側に角度が付いているので、後ろから受ける風により強く、雨にも優れた性能を発揮する。

大きな開口を持つフロントには三角形の大きな庇があり、これと両サイドの壁が雨の浸入を防ぐ。そして、後ろに長く低く張り出したシルエットは、風をダウンフォースに変えて幕体を押さえ付けてくれる。開放的でありながら天候の変化に対応できるというのが嬉しい張り方である。

また、ウェッジ系全体にいえることだが、朝日や夕日を遮る庇部分があるというのは大きい。些細なことではあるのだが、その時間帯におけるストレスを軽減し作業効率を高めてくれる。

たくさんある中から季節や天候に応じたアレンジを選び、環境を味方につける面白さがあるのがタープワークだが、このアレンジはさまざまなシーンをカバーしてくれる優れた方法だといえる。

HALF PYRAMID WEDGE | ハーフ・ピラミッド・ウェッジ

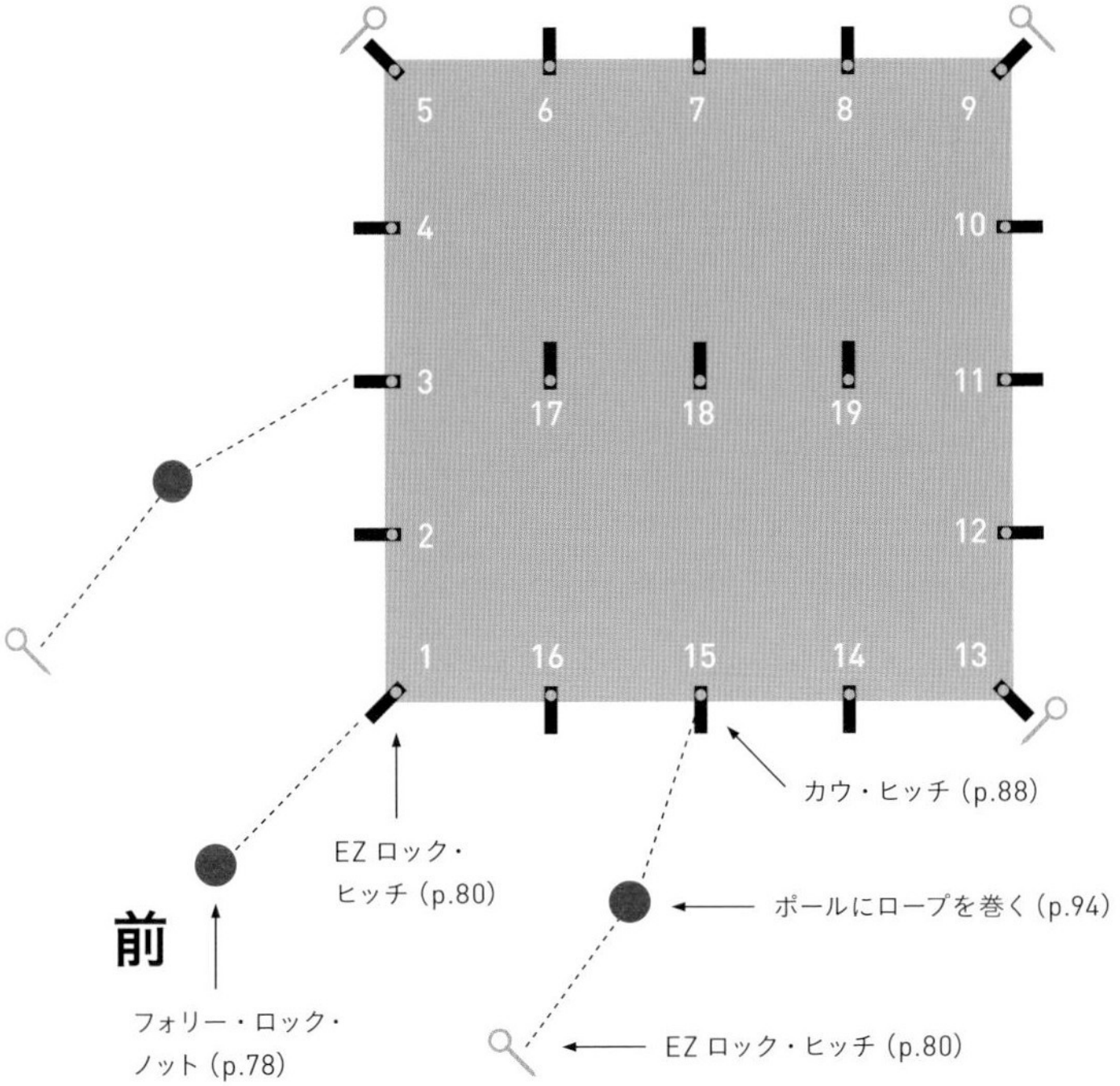

【使用するもの】

スクエアタープ(3×3m)

---- 張り綱3本

ペグ5本

● 立ち木、もしくはポール

【張り方】

❶3と15から張り綱を伸ばし、ポールか立ち木に固定する。❷9を後方に引くようにテンションを掛けてペグダウンする。❸屋根を傾斜させるように5と13をペグダウンし、左右のバランスを取る。❹1に張り綱を設置し、ポールや立ち木で固定する

POINT

シワができやすい張り方なので注意!

後方にいくにつれ細くなるこのアレンジは、縦ジワが寄りやすい。後ろのペグダウンを後方に引きながら行い、左右のペグダウンもシワができないように注意しながらバランスを整える

32 ハンギング・ダウン

このハンギングダウンは、風があまり吹いていない時なら設置も簡単で、寒い時期でも冷気を遮断できる。焚き火を使用しないのであれば、このアレンジは有効である。また、雨にも強いので雨季にも活躍してくれる

POINT

上から吊るすという考え方

タープ張りは、張り綱に掛けたり、ポールに挿したりするだけでなく、吊るすという方法もある。フルクローズなら四方をしっかり張ってペグダウンする

VARIATION

一辺を持ち上げれば、オープンタイプにもなる

Aフレーム・ストーム(p.154)のハングダウン版が、このオープンタイプだ。内部が広く使えるので快適に過ごせる

フルクローズでき、厳冬期にも対応

ただ上から吊るして四隅をペグダウンするだけで簡単に設営できる、フルクローズタイプのアレンジ。ロープを横渡しに張るための立ち木がなくても、枝が張り出している場所さえあれば設営できる。また、枝などを使い一辺を上に持ち上げるだけで、フロアレスシェルターへと早変わりする。

日中はフロアレスタイプとして使用し、就寝時にフルクローズしてプライベート空間を作るという使い方ができるので、人の目が気になるキャンプ場や女性のソロキャンプなどにも向いている。

写真は雪上だが、こうした積雪の多い場所でもフルクローズにすることで風や冷気の侵入を防ぎ暖かく過ごすことが可能である。しかも、上方から吊るす方法なので、降雪量が増えてもロープかアタッチメントが破損しない限り倒壊する恐れが少ないのというのも魅力である。ソロキャンプから緊急時、厳冬期と、さまざまなシーンで活用できるアレンジである。

HANGING DOWN ｜ ハンギング・ダウン

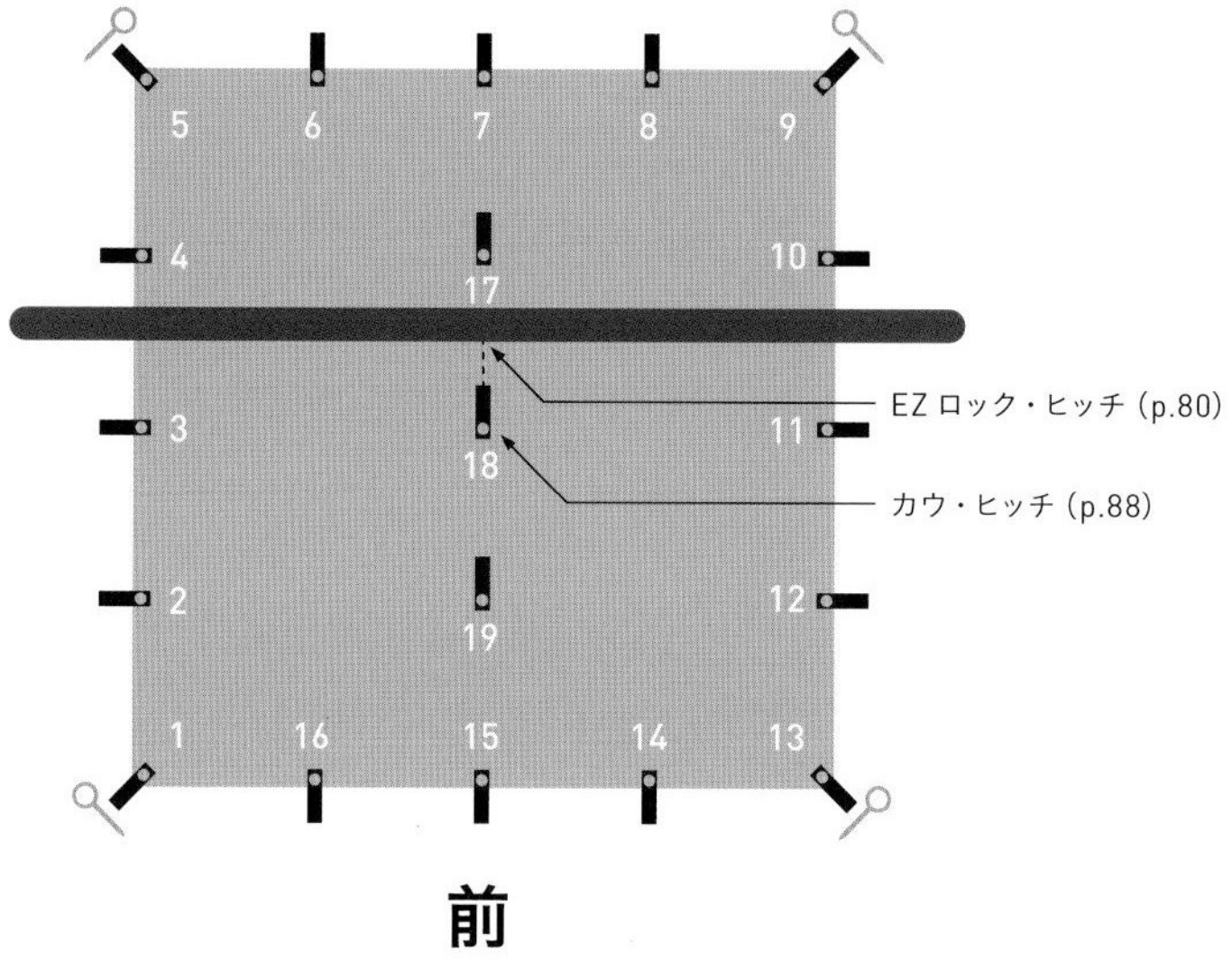

【使用するもの】

スクエアタープ(3×3m)

---- 張り綱1本

ペグ4本

木の枝

【張り方】

❶枝にかけた張り綱を18に固定する。❷1、5、9、13をペグダウンする。この時に、しっかりと四方に引いて張るようにする

33 スクエア・アーチ

フラットな天井を作る変わり種のこのアレンジだが、居住性がよく災害時の荷物置き場としても活用できる。数人で緊急ビバークにも使える広さがあり、ソロから2人程度なら、中で煮炊きもできる広さがある

張り綱同士の間隔を前後で同じにそろえる

2本の張り綱の幅を整えるために、同じ長さの枝を2本用意。張り綱と張り綱の間にこの枝を挟んで設置する。折れて落ちていたような枝の木口形状ならロープによく喰いつき、結ばなくても落ちない

部屋のような四角い空間が得られる

これは数あるタープアレンジの中で変わり種といえる張り方だろう。

張り方は簡単で、太めの立ち木に張り綱をループ状に渡し、後はペグダウンすればいい。このスクエア・アーチがほかの張り方と大きく違うのは、建築物の部屋のように四角い空間を作り出せることで、しかもタープ全体を利用して長辺を作るため、広い空間を作り出すことができる。

上側にフラットな面があるという構造上、雨天時は水が溜まりやすく使用は難しい。だが、日ごろ生活している家と同様の四角い空間は中にいる人に安心感を与えるし、幕に体が触れにくいというメリットもある。幕に体が触れるのは、意外に大きなストレスなのである。

安心感が得られるこの張り方は、コットを使用して野営する時や、数人で座って夜を明かす時などにいいだろう。災害時、体調を崩した人を休ませる空間としても適していると思う。

SQUARE ARCH | スクエア・アーチ

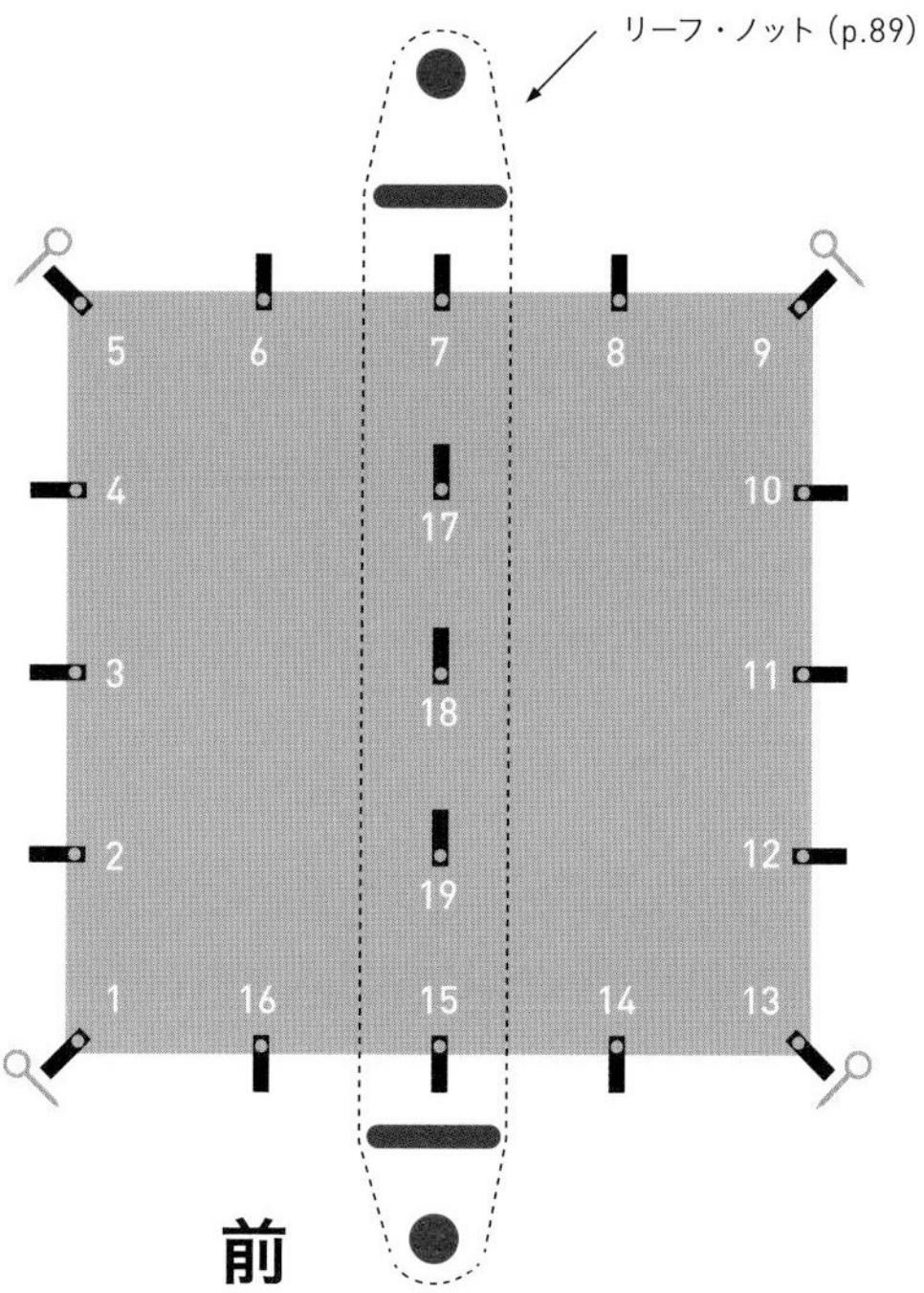

【使用するもの】

スクエアタープ(3×3m)
---- 張り綱1本
ペグ4本
立ち木、もしくはポール
木の枝

【張り方】

❶太めの立ち木に、張り綱をループ状に渡し設置する。❷張り綱同士の間が閉じないように、適当な長さの枝を張り綱の間に設置する。この長さが、天井の幅となる。❸張り綱にタープを掛け、垂れ下がっている左右の幕の長さをそろえる。❹1と5をペグダウンする。❺9と13をペグダウンしたら、対角となるペグの位置を調整しシワを取り除く

34 シャワー・カーテン

アウトドアシーンだけではなく、災害時に大変役に立つアレンジになる。災害時には、トイレや着替えのためのプライベートスペースが必要になるが、タープやブルーシートでそれを簡易的に作り出すことができる。

POINT

ひとりでポールを立て一周張り巡らせるコツ

数人で作業するならいいが、ひとりで立てるのはなかなか難しい。その場合は、前面の2本のポールをロープでつないで立ててペグダウンし、最初に2本のポールを自立させるとやりやすい

POINT

長すぎるポールを使う場合

ポールが長すぎる場合は、ポールの先端から任意の長さにロープを伸ばし、そのロープとタープを留める。同時にタープをポールにも固定してしまえば設営が可能だ

災害時のシャワーブースを作る

このアレンジは、キャンプ時に宿泊するためのシェルターではない。主に災害時を想定したタープ術で、シャワー・カーテンという名の通り、着替えやトイレ、シャワー室として使えるプライベート空間を簡易的に設置するためのものである。

設置には、柱となるタープポールや長めの竹などが4本必要になる。そして、張り綱は各ポールに2本ずつなので計8本必要になる（ここでは1本を二股にして使用）。ここでは3×3mのサイズを使っているが、4×4など大きなものを使えばより快適なスペースを確保できる。

柱が4本もあるため、バランスを取りながら設置するのはなかなか難しいので、できれば複数人で行ったほうがいい。慣れればひとりでの設置も可能だが、かなりの熟練が必要になる。

普段のキャンプ、またはマリンスポーツなどでも着替えの際に活用できるので、緊急時に備えてぜひチャレンジしてみて欲しい。

SHOWER CURTAIN | シャワー・カーテン

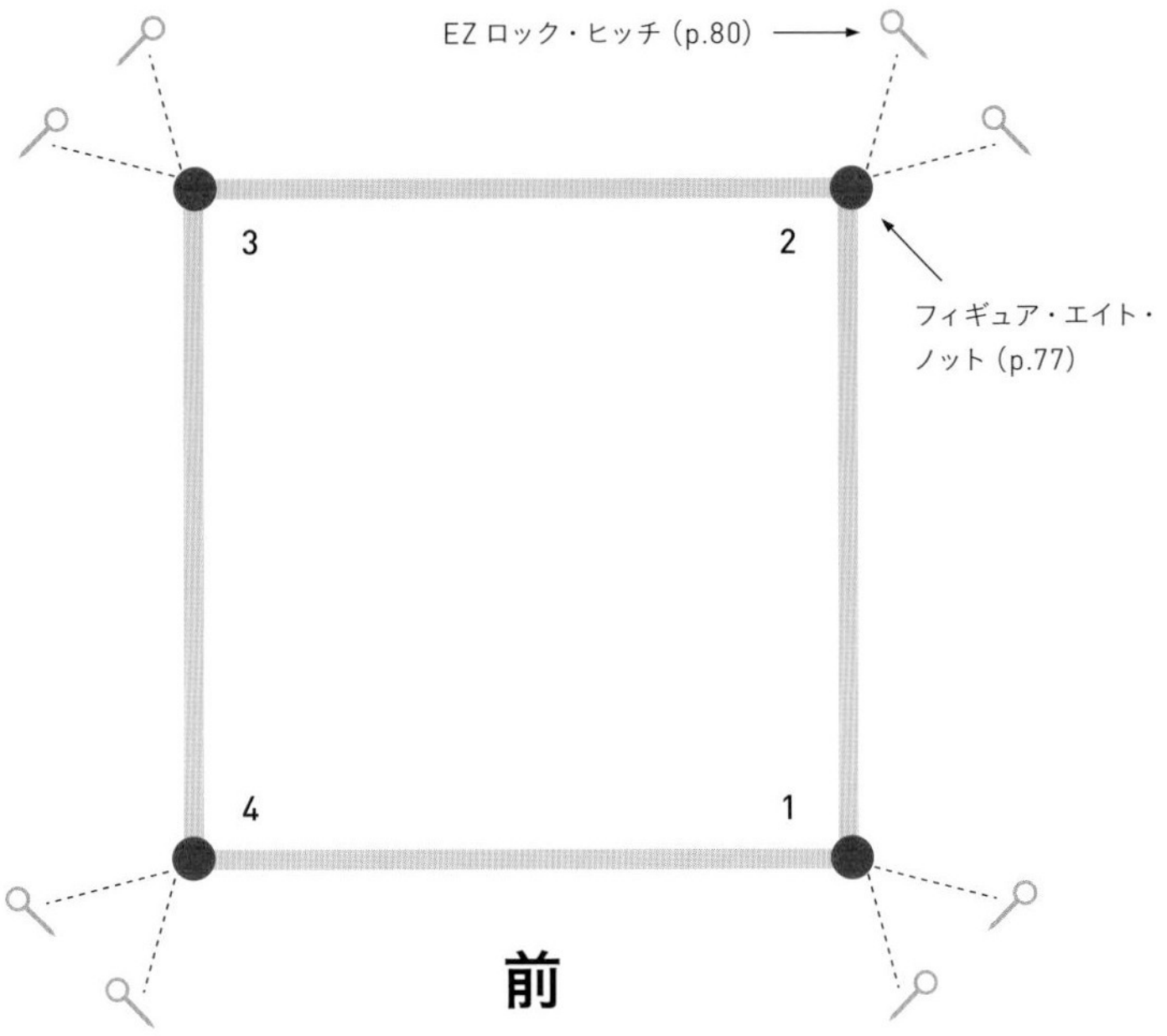

【使用するもの】

スクエアタープ(3×3m)
- - - - 張り綱4本
ペグ8本
● 立ち木、もしくはポール

【張り方】

❶前側のポール2本を立てる。ポール同士を細引きなどでつないで設営しやすくしたり、複数名で作業すると楽。❷1のポールの先端にタープを掛け、2、3、4とタープとポールを設置していく。❸一周したら各アタッチメントをポールに麻紐などで留めていく。❹扉のかんぬき用のフックを付ける

POINT

入り口部分の留め具

入り口部分は設営時に扉を留めておくための紐を付けておく。入り口のかんぬきは、くの字に曲がった枝を通す

35 シット・ダウン・ビビィ

これは遭難時のために覚えておきたいビバーク方法。遭難した時の一番の敵は体温の低下だが、この技術により、キャンドルの熱を最大限有効に利用し、座ったまま体力を温存。夜明け、あるいは救助を待つ

POINT

脚が開くのを防ぐ

適当な倒木などに脚をかけ、ベルトで両脚を固定することで、脚が伸びてしまったり開いてしまったりするのを防止する。また、ロウソクを熱源として、ポンチョ内を暖める。1本が燃え尽きるまでの時間を知っていれば、経過時間もわかる

緊急時に命を守るビバーク法

できればこの方法は使う機会がないほうがありがたいのだが、いざという時に命を救ってくれるアレンジとして紹介しておきたい。

シット・ダウン・ビビィはその名の通り、座ったままで行う野営方法で、日没後に行動不能となった場合や、日中でも低気温で一時的に休憩を取りたい場合などに用いる。

ロープは使用せず、設置というほどの作業もなし。座った状態でポンチョを被るだけで、足元に置いたロウソクの炎で暖を取る。この時、できるだけ楽に座ったままでいられるよう、立ち木などに寄り掛かった姿勢を取るといいだろう。

しかし、ただポンチョを被るだけだと、眠った時に脚が開いたり伸びたりしてしまい、ロウソクの炎が衣服やポンチョに燃え移り重大な事故が発生する恐れがある。

そのような事故を防ぐために、まず足の下にストッパー代わりの丸太を置いて足を掛ける。そし

SIT DOWN BIVY ｜ シット・ダウン・ビビィ

【使用するもの】

ポンチョタープ（2.1×1.45m）
木の枝
ベルト
ロウソク

【張り方】

❶適当な太さの木を座った足裏に当たるように置く。❷ベルトで両方の脚を肩幅ぐらいになるように固定し、下にキャンドルを置く。❸ポンチョを足先までカバーするように被る。ポンチョの裾を足で踏んでポンチョに張りを持たせる。❹ロウソクに火を点けてフードを被る

POINT

脚を開かせない工夫

自然にあるものや装備を使って、脚が伸びてしまわないよう固定する。このプロセスがこのビバーク方法の鍵となる

て、ベルトを使い、両膝が開かない状態で固定する。座った時の膝の幅とウエストの幅はほぼ一緒なので、履いているズボンに使っていたベルトを使用するとちょうどいい。もちろん、ベルトがなければロープでも丈夫な木のツルでも何でも構わない。とにかく両足を固定することで、脱力しても脚が開いてしまったり、伸びてしまったりすることがないようにする。

そして、この状態のまま膝の下あたりに置いたロウソクに火を点け、熱が逃げないようにポンチョで覆えば完了。ポンチョ内の空間が極めて小さいので、わずかロウソク１本であってもかなりの暖かさが得られる。また、ロウソク１本の燃焼時間がわかっていれば、ロウソクが消えて寒さでハッと目覚めた時、２時間が経ったんだというように、おおよその経過時間も知ることができる。

クッカーを手で持った状態でロウソクにかざせば、時間はかかるが湯沸かしも可能になる。最小限ではあるが、ビバークするのに十分な機能を備えた方法だといえるだろう。

36 スノー・ドーム

雪上でもっとも暖かく過ごす方法は、雪洞を掘ってビバークすることだ。雪の中は温度が常に0度前後に保たれる。その原理を生かして雪の中に穴を掘り、少しでも体温低下を防ぐ

POINT

雪はノコギリでカットする

雪上の野営では、雪専用のノコギリ、スノーソーがあると、とても便利だ。これを使って雪をブロック状に切り出すと、小さい力できれいに掘り出すことができる

POINT

雪上で使うスコップは軽量のものでOK

地面ではなく柔らかい雪面を掘るので、アルミなど軽量素材のもので十分。コンパクトになるものであれば、持ち運びにも便利だ

雪の中でビバークする時に

スノー・ドームは非常用のカマクラである。まず、雪崩が起きないような緩やかな斜面の下の吹き溜まりを掘り下げる。深さは腰程度でいい。幅も人が1人横になり荷物を置くことができるスペースを確保できれば十分だ。そして、その上にタープを掛ける。あとは適当な枝で埋め込みペグを作り、周囲を埋めれば完成だ。出入り口はスノーブロックで狭くし、バックパックなどで簡易的に塞ぐことで出入りをしやすくしておく。

こうすると、外気温が氷点下15度まで下がっても内部は0度程度に保たれる。焚き火を利用したタープ泊が不可能だと判断した場合は、これで夜をやり過ごすほうがいい。

大切なのは、酸素欠乏を防ぐために、必ず換気口を開けること。ドーム内の酸素量低下を知るためには、座った胸の高さにロウソクを配置しておく。炎が小さくなったり消えそうになったらを入れ替え、酸欠のリスクを回避する。

SNOW DOME | スノー・ドーム

【使用するもの】

適当な大きさの防水シート
木の棒2本

POINT

酸欠を防ぐ空気穴を作る

空気を取り込むのが出入り口だけだと、完全に塞ぎ切らないとしても、吸排気が効率よくできず酸欠を引き起こすおそれがある。そのため、腕の太さほどの穴を、上方に向かって開けておくこと

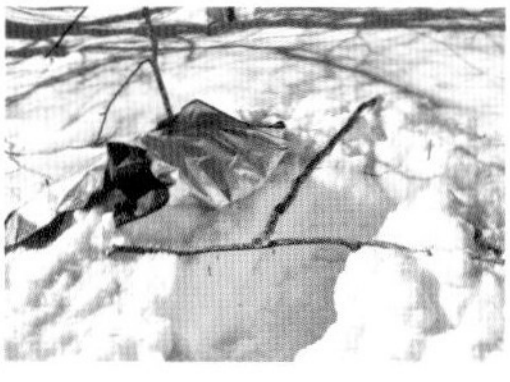

屋根を支える梁を作る

穴の上に、2本の枝を交差するように置いて、梁を作ってからシートを載せる

【張り方】

❶雪面をスノーソーで切り分け、スコップで四角く切り出す。❷①を任意の深さになるまで繰り返す。ブロックを切り出し、それを横に積み上げていくと、労力を抑えながら穴を深くできる。❸入口の後方に空気穴を作る。❹入り口付近に枝を十字に乗せる。これがシートを支える。❺枝の上にシートを乗せて、四隅を枝などで軽くペグダウン。シートの縁に雪を載せて押さえる。タープを空気穴まで被せないように注意

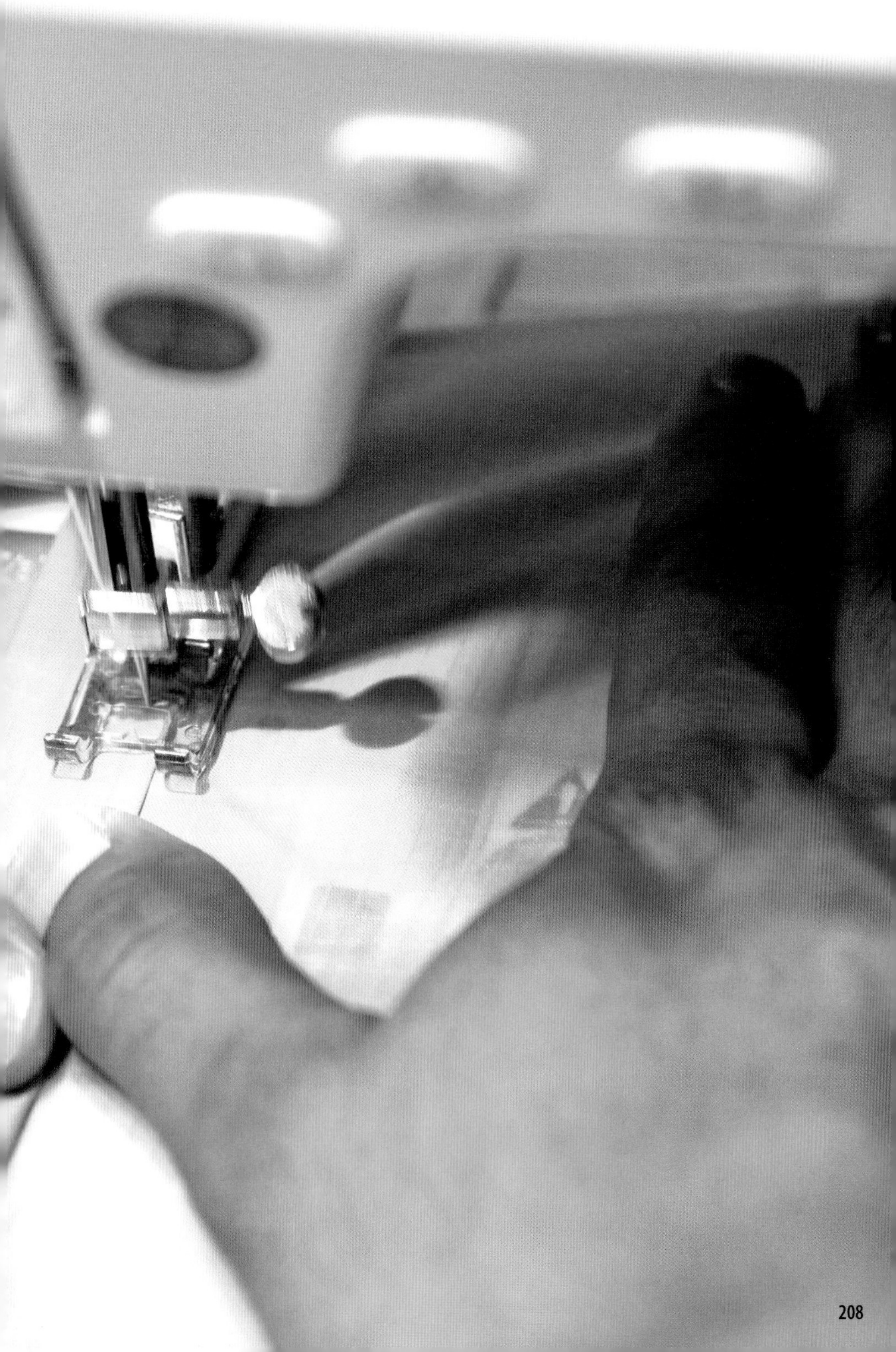

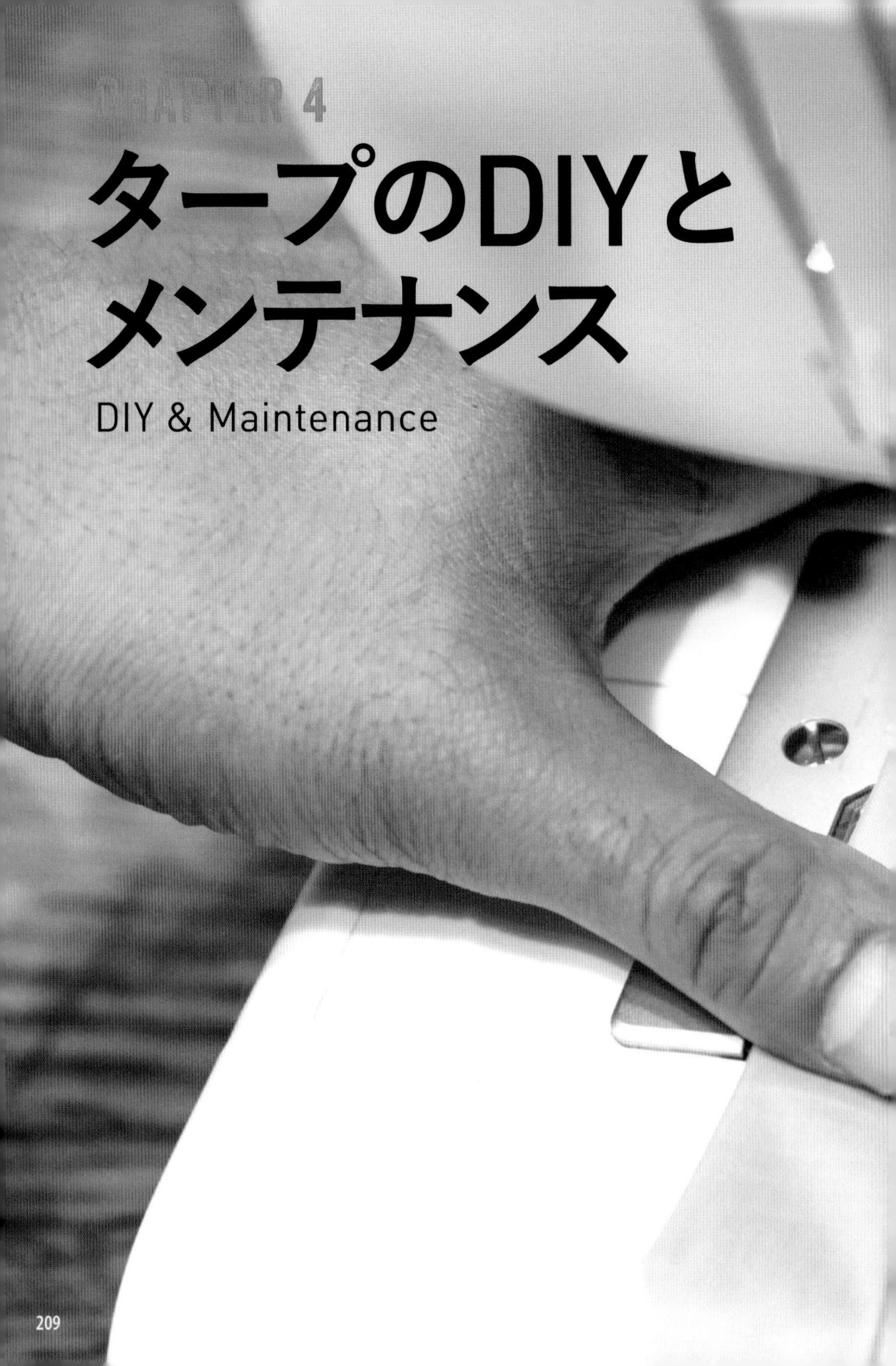

CHAPTER 4

タープのDIYとメンテナンス

DIY & Maintenance

01 タープをDIYしてみよう

タープの自作は簡単

タープは、アウトドア用品の野営具の中ではDIYをするのが比較的簡単なものだと思う。直線縫いだけができればいいので、大きな雑巾作りと思ってもらえばいいくらいだ。

中心の縫い合わせ以外は、普通に三つ折りを直線で縫えばいいので、小中学校の家庭科の縫いものレベルで問題ない。中心は、交互に鉤の手になるように折り曲げ、その合わせ目をダブルステッチ（二重縫い）で縫い上げる。縫い目にはシームテープ以外で目止めを行うこともできるので、防水加工も自分で可能だ。

今回使用する生地は40D（デニール）シルナイロンだ。シルナイロンはコシがあり加工しやすく、初めてでも縫いやすい。また、生地自体も大手通販サイトなどでも取り扱っているので入手しやすい。上写真では自作したものを使用しているが、大きさも自分用にカスタマイズできるし、もちろん問題なく野営ができている。

必要なもの

【材料】

防水シート(2000×1500mm)シルナイロン2枚
ナイロン#60番ミシン糸
パラコード
袋テープ

展開図

折り目と縫いしろ

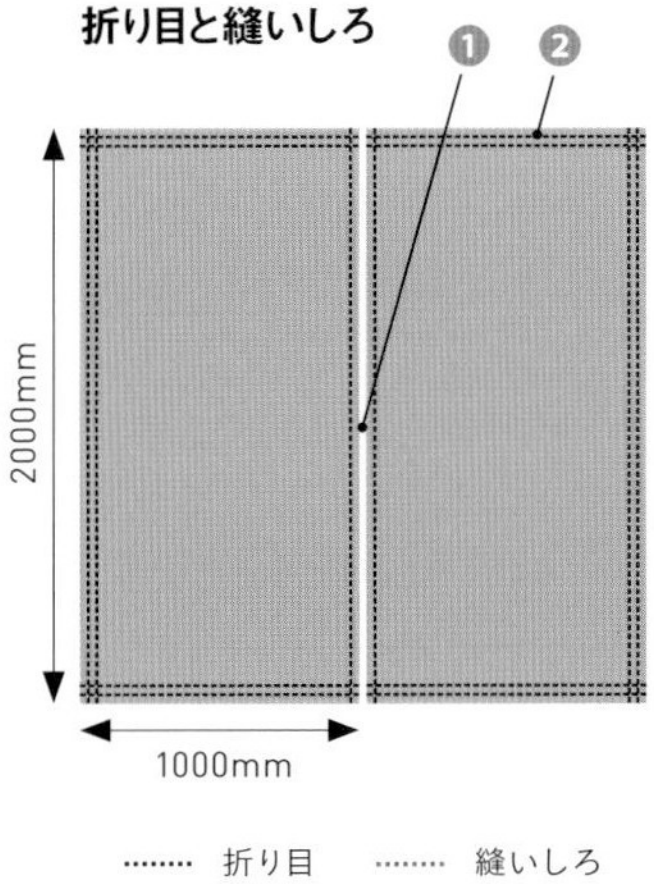

ラインアタッチメントの位置

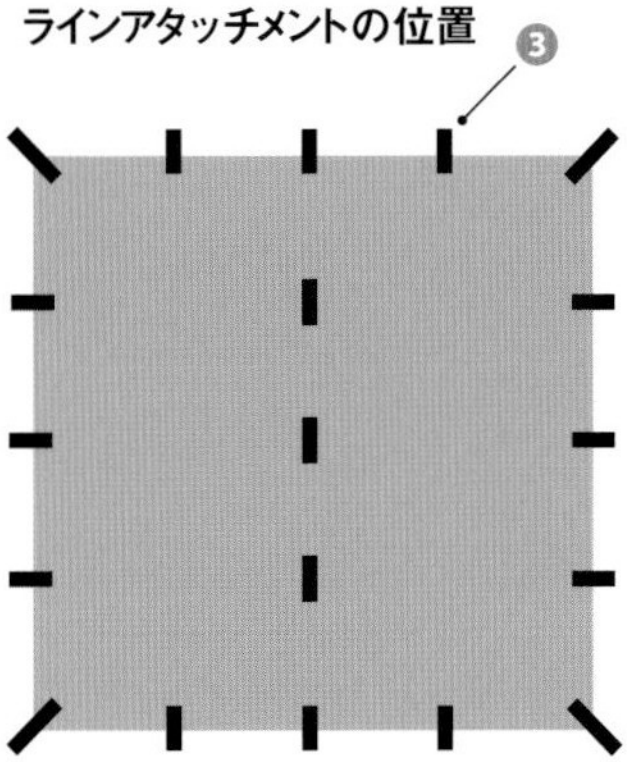

❶ 中央部のつなぎ目

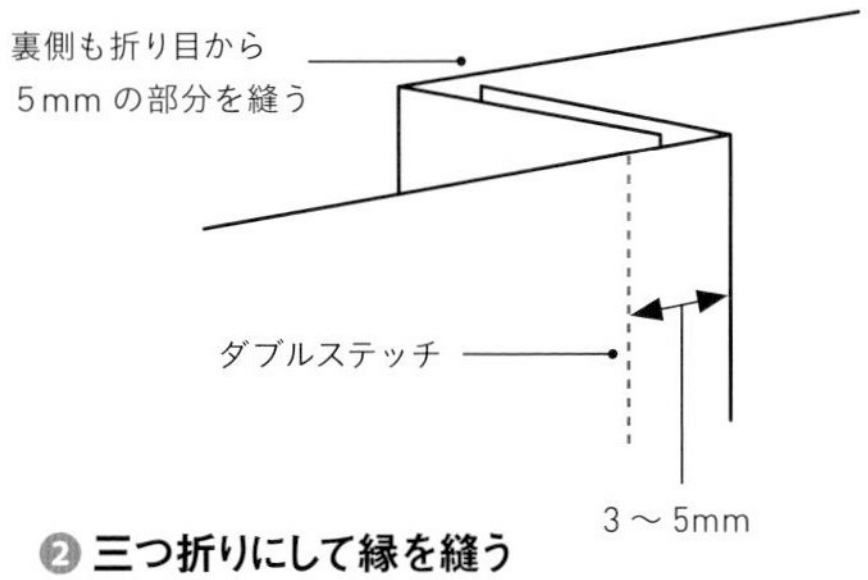

❷ 三つ折りにして縁を縫う

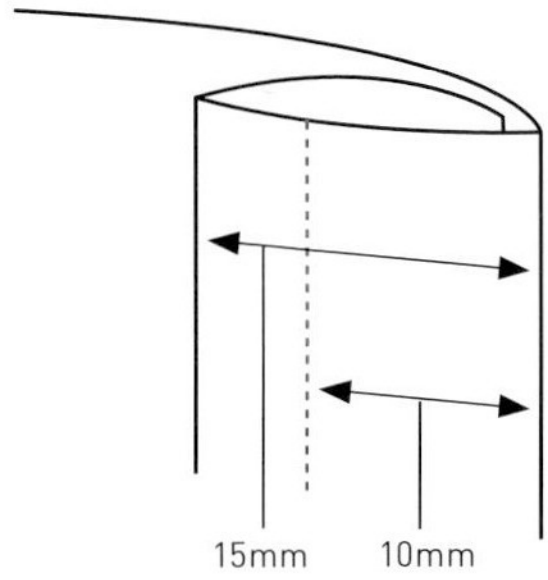

❸ アタッチメント

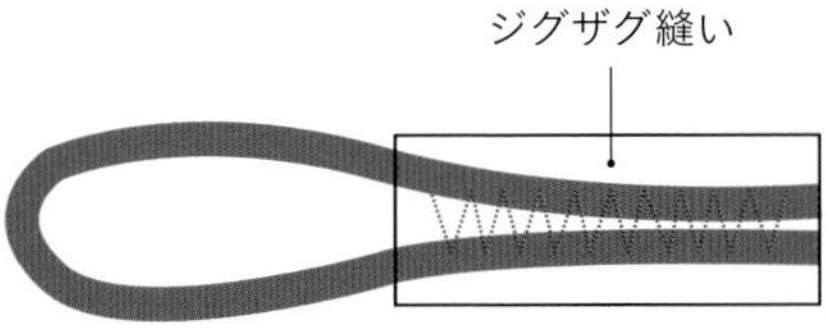

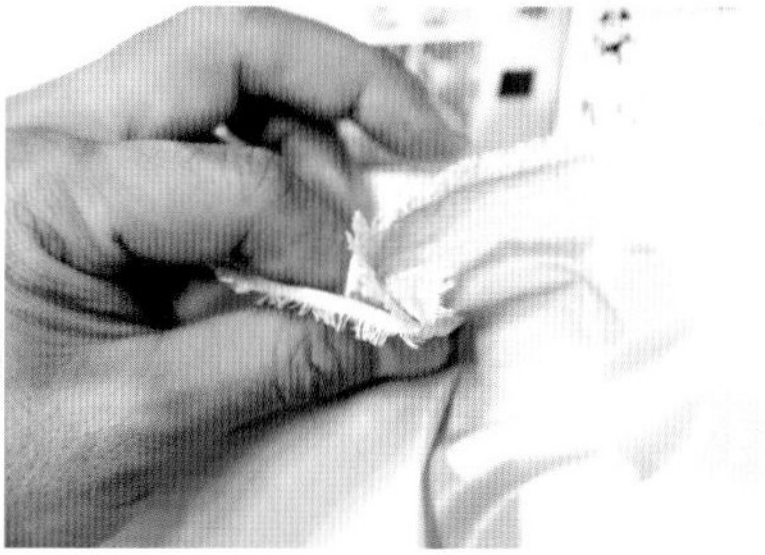

1 中央の合わせ目はp.211の図①のように交互に折り返して合わせる。折り返しは15mm 。アイロンを使う場合は低温に設定し、当て布をして折り返す

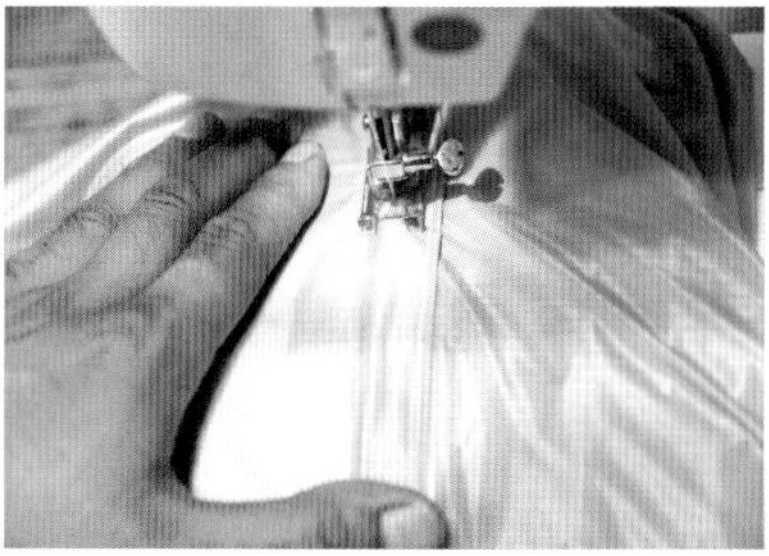

2 折り返しの縁から3〜5mmの位置を縫っていく。縫い幅があまり細かすぎないようにすること。細かすぎると生地の耐久性が落ちてしまう

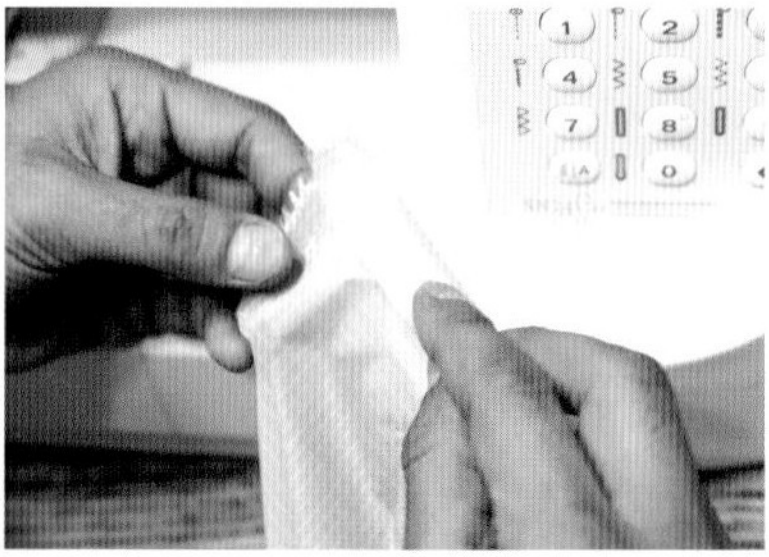

3 周囲4辺は三つ折りにして、縁の内側から5mmが縫いしろになる。折り目を付けた部分が曲がり、よじれたようなシワが入っていないか確認する

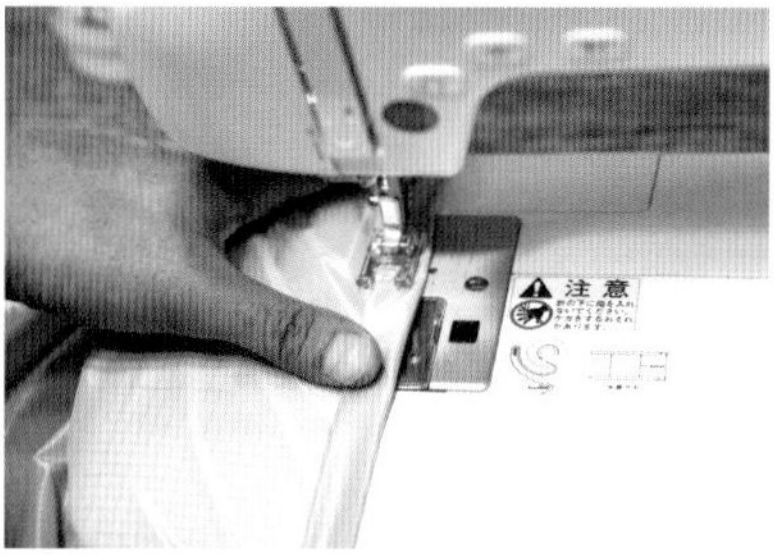

4 3で作った三つ折りの縁を縫う。滑りやすい生地なので、ミシンが生地をしっかりと送っているかを確認しながら、手を添えて補助するといい

5 縦を縫い終わったら、横の辺を三つ折りにする。縦で三つ折りにした部分を合わせて三つ折りにしていくので少し厚みが出るが、ここもしっかりと折り返す

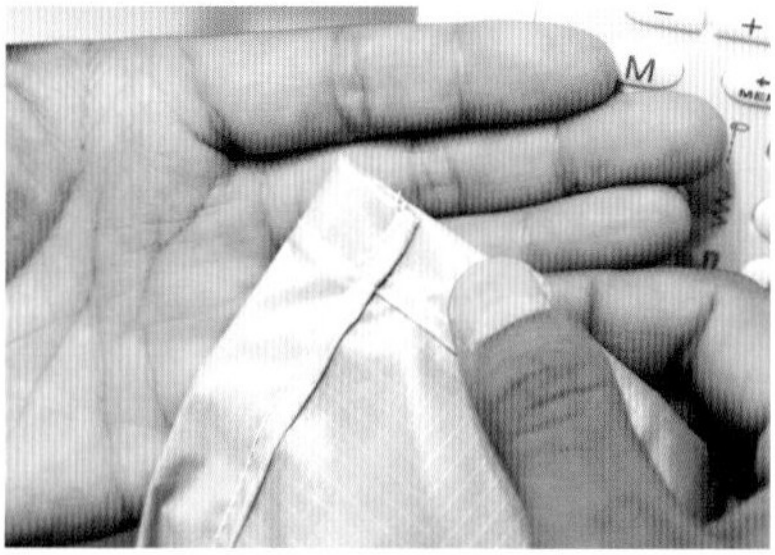

6 4と同じ要領で縫い進める。縫いあがりは写真のように、縁が重なった状態になる。これでタープの幕部分は完成だ

ループを作る

1 これは、ナイロンテープの種類で袋テープという。写真のように筒状でしなやかなのが特徴で、サンダルのワラーチなどにも使用されている丈夫なテープだ

2 切った端をライターやロウソクであぶって、ほつれを処理する。この作業はしっかりと行うこと。使用しているうちに、ロープとの磨耗でほつれが大きくなってしまう

3 パラコードを適当な長さに切り、袋テープの中に差し込む。パラコードを折り返しU字にしたら、末端をライターなどで溶かしてひとつにまとめておくといい

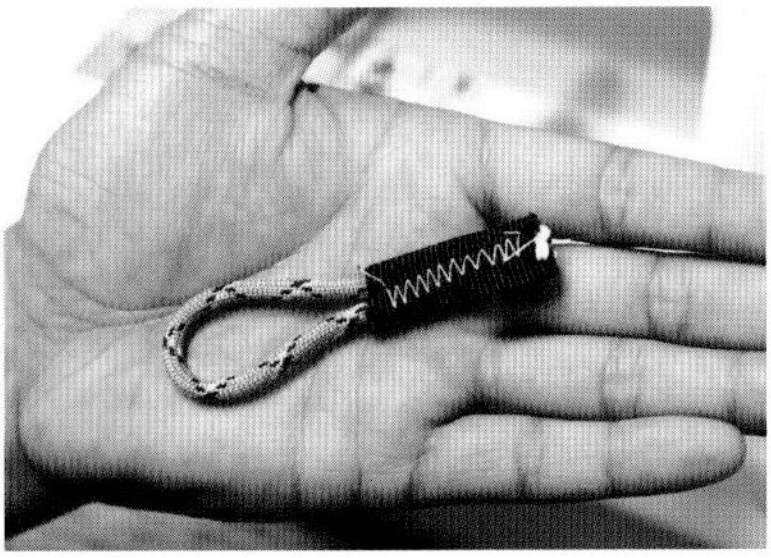

4 ミシンのジグザグ縫いで、パラコードとテープを縫い合わせる。縫い幅を調整し、パラコード2本とテープをしっかりと縫い合わせる

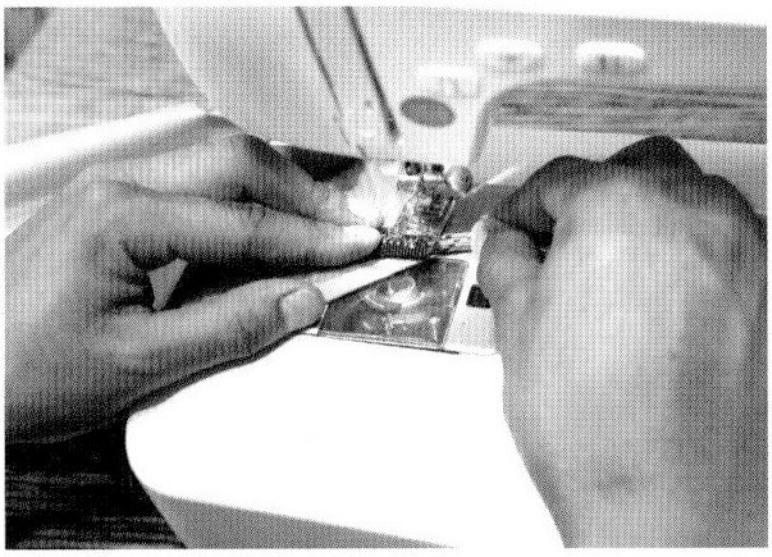

5 できあがったアタッチメントを、タープの必要箇所に縫い付ける。カン止め機能がないミシンでは、直線縫いを繰り返して3ヵ所ほど留める

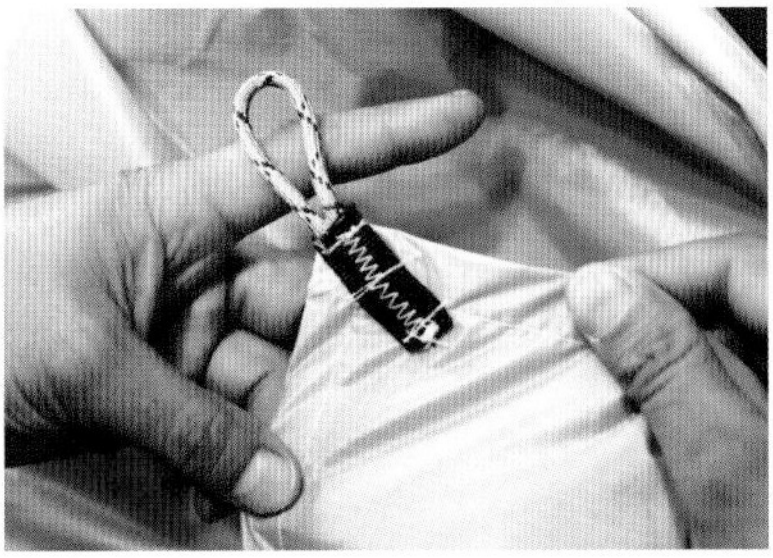

6 縫いあがったアタッチメントがこれだ。このように直線縫いで3ヵ所程度縫っておけば、十分な耐久性を得られる

02 竹でアンカーを作る

アンカーは竹で作れる

雪中キャンプで活躍するクロスペグは、登山用品店であれば雪山用品として置いてある。アルミ製で、パッと広げれば使えるのでとても便利だが、セット売りは少なく、バラ売りのものを必要数そろえなければならない。

雪山や砂地でしか出番のないクロスペグは、ペグとしては高価な部類である。ならば代用品として竹で作ればいい。かつてはクロスペグは竹製のものが多く、登山者たちは自作していたのだ。

竹ペグに使用する竹は、できれば真竹がいい。節間が長く薄いので加工がしやすく、ホームセンターの園芸コーナーなどでも入手できる。

平たく割った竹の中心に穴を開けて紐で固定するだけとシンプルな作り方なので、初心者でも簡単。ぜひ挑戦してもらいたい。簡単に作れて量産も容易だが、アンカーとしてはとてもよく効いてくれる優れものなので、スノーキャンプに行くならぜひ持参したいアイテムだ。

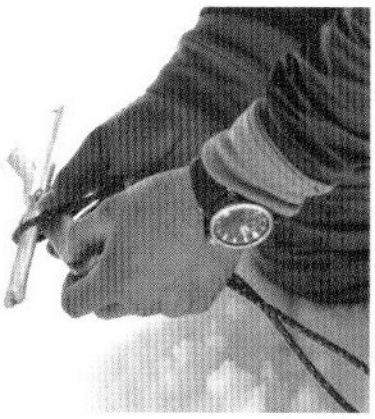

刺すのではなく埋めて使う

ペグのように刺すのではなく、雪面に掘った穴に埋めて面で抵抗を作り、アンカーとして使用する。このように斜めに埋める(p.48参照)

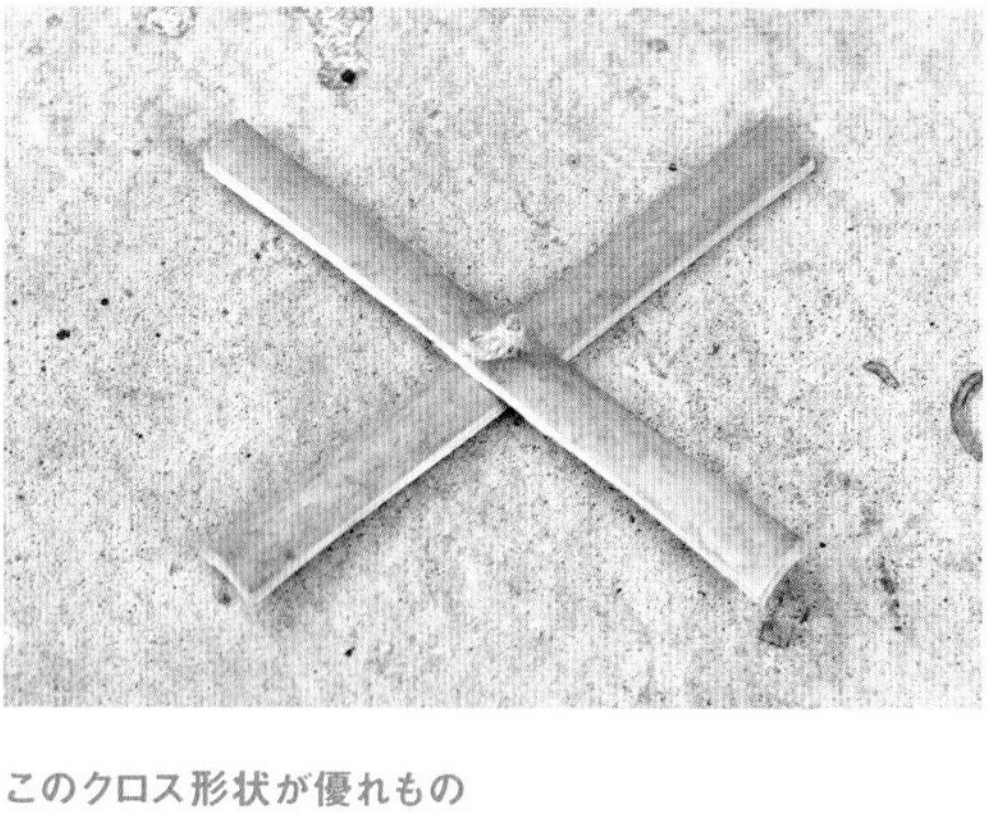

このクロス形状が優れもの

クロスした形状が、カンジキやスノーシューのように雪を広い面で捉え、しっかりとしたアンカーになる。使用しない時は畳んでおけばかさばらず、収納も楽

作り方

1 両端の節を切り落とした真竹を用意する。節があると竹自体は割れにくくなるのだが、アンカーとして使う場合は切り落としておくといい

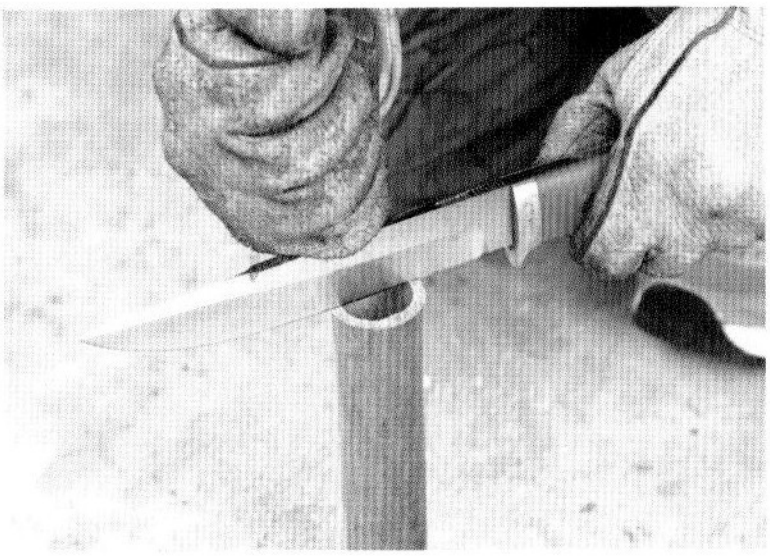

2 まず竹を半割りにする。さらに半割の竹を半分に割る。竹割りナタでなくても両刃の刃物であれば、十分竹は割れる

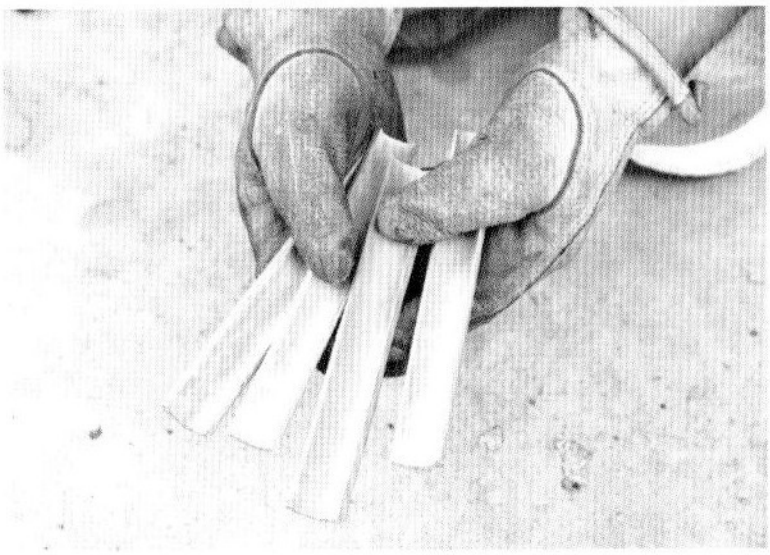

3 このようにできるだけまっすぐ均等な太さで割る。ここである程度太さを統一しておくと、この後の作業がしやすくなる

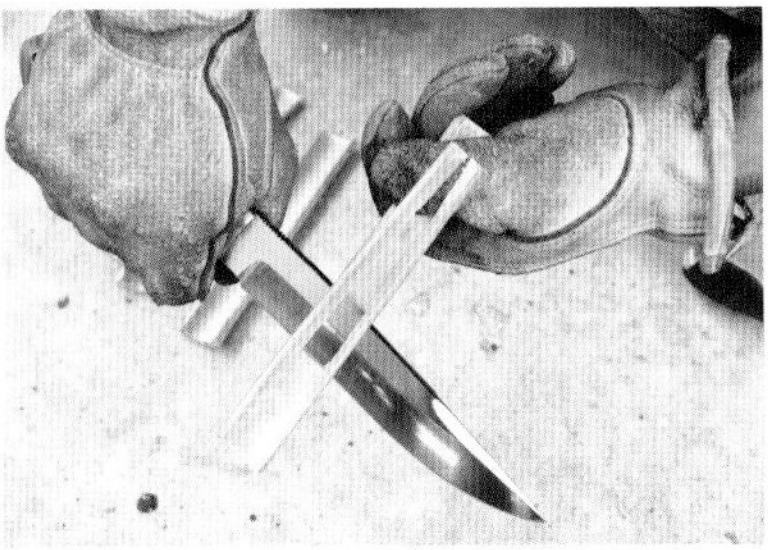

4 割った竹の曲面を減らすように両端を削ぎ落とす。写真のような大型のナイフがない場合は、片方ずつ作業する

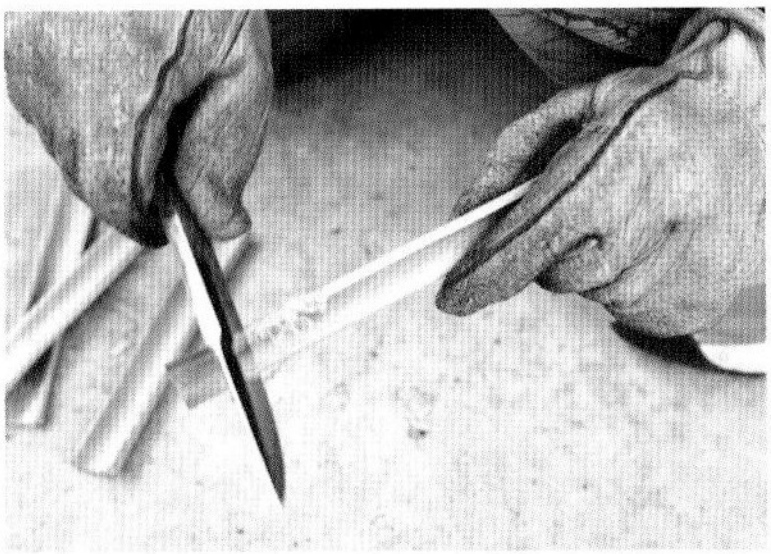

5 **4**で削いだ部分は刃物のように鋭利になっているので、ナイフの刃を立ててこするようにして面取りを行っておく。これでケガをしにくくなる

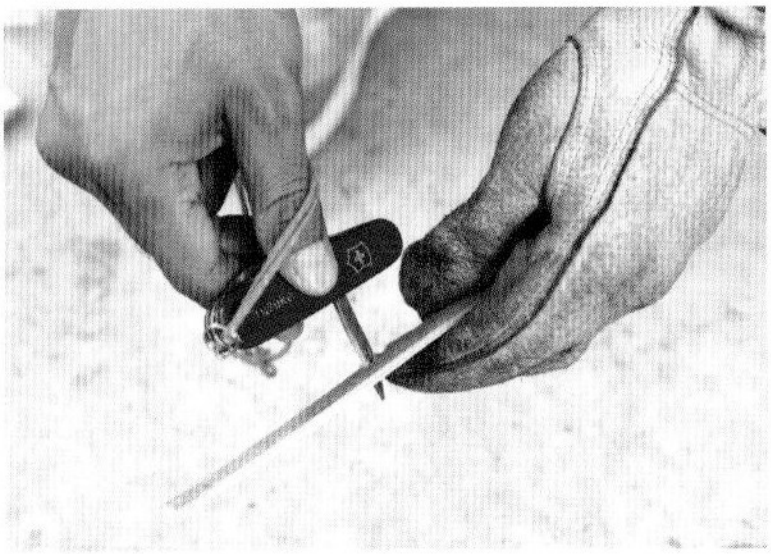

6 マルチツールのリーマーやドリルなどで、竹の中心に穴を開ける。後は、麻紐などを穴に通し、2枚を固定すれば完成

03 タープの防水性を保つ

汚れを落とし防水性を復活させる

タープと長く付き合ううえで欠かせないメンテナンスは、クリーニングと追加防水だ。

まずクリーニングだが、通常は水拭きでいいが、汚れが酷い場合は薄めた中性洗剤を霧吹きなどで吹きかかけ、水で拭き取ればいい。その後、広げてよく乾かせばカビを防止できる。

もし、雨天時などの使用頻度が多い場合は、チリや細かいゴミが付着している時が多く、そのまま畳んでしまっておくと磨耗の原因になるので気を付けたい。ホコリなどが湿気を吸うため、カビの原因にもなってしまう。

また、使用頻度が少ない場合は、倉庫など高温になる場所は避け、通気性のよい不織布のスタッフバッグや紙袋などに入れて保管しておくといい。

裏側のコーティングが剥がれたり、生地そのものに独特の劣化臭が出てしまったりした場合は、メーカーにメンテナンスの依頼をするか買い替えるしかなくなってしまう。それを防ぐには、しっかりと乾燥させ、風通しのいい涼しい場所で保管することが望ましい。密閉された高温多湿の場所で保管すると、コーティングの加水分解が進行して劣化速度が早まってしまう。

加水分解を防ぐには、防水の追加処理を行うといい。それによって生地自体が水分を吸いにくくなるので、水分や湿気が原因の劣化を抑えることができる。また、汚れの付着も軽減できる。

追加防水処理を施すには、市販のシリコンタイプの防水スプレーを使用すればいい。近年の生地はシリコンコーティングが施されているものが主流になってきているので、たいていの生地にはこの防水スプレーが使用可能だ。このメンテナンスを定期的に行うことで、かなり耐久性が向上する。

また、防水スプレーも入手が容易で、ホームセンターのオリジナル商品などはかなり安価で購入できるので、コストパフォーマンスに優れたメンテナンスといえるだろう。気に入った道具を愛情を持って長く使うのも、アウトドアマンには必要なこだわりや美学ではないだろうか？

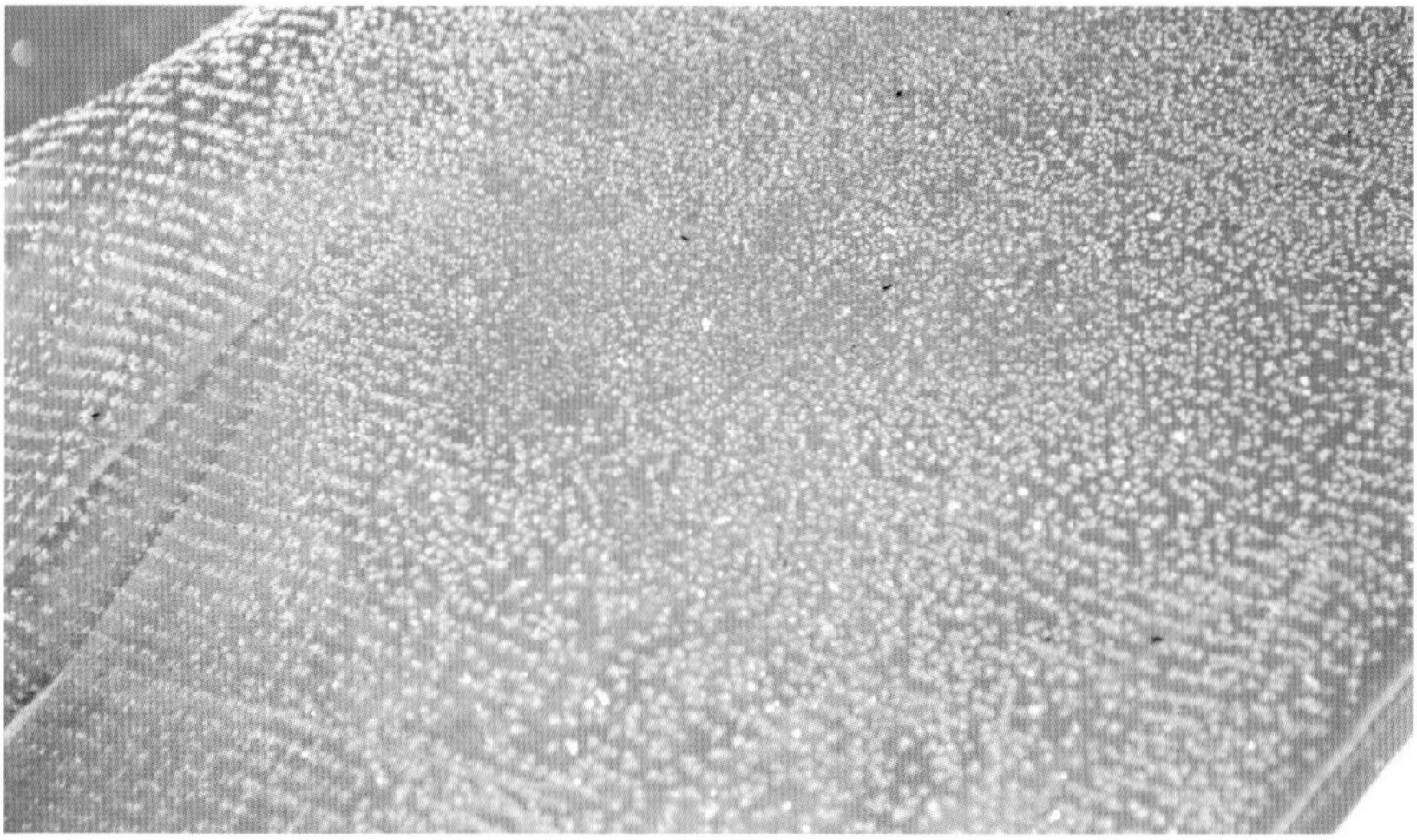

定期的なメンテナスは必須

夜露や霜でも水が浸透してくることがあるので、防水性と撥水性は常に高くして保っておきたい。使用後の乾燥やクリーニングは必須だが、あわせて追加防水や洗剤による汚れ落としも実施しておくといい

1 濡れ拭きで表面の汚れを落とす。汚れやベタつきがあれば、薄めた中性洗剤を使う。最後に、乾拭きしてよく水分を取る

2 防水スプレーをかける。防水スプレーは、シリコン入りがオススメ。安価なものでも撥水性が高く、持ちもいい

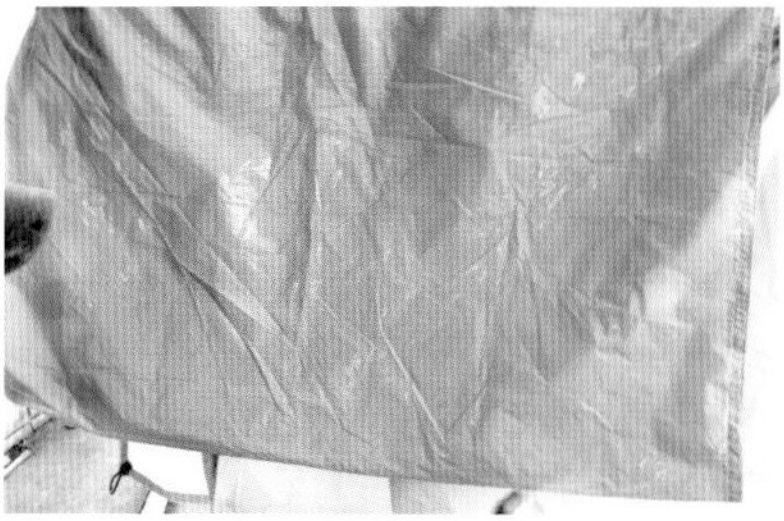

3 スプレーをムラなくかける。最初は、少し遠くから薄く吹きかけ、ベースを作る。ここでいったん乾かすといい

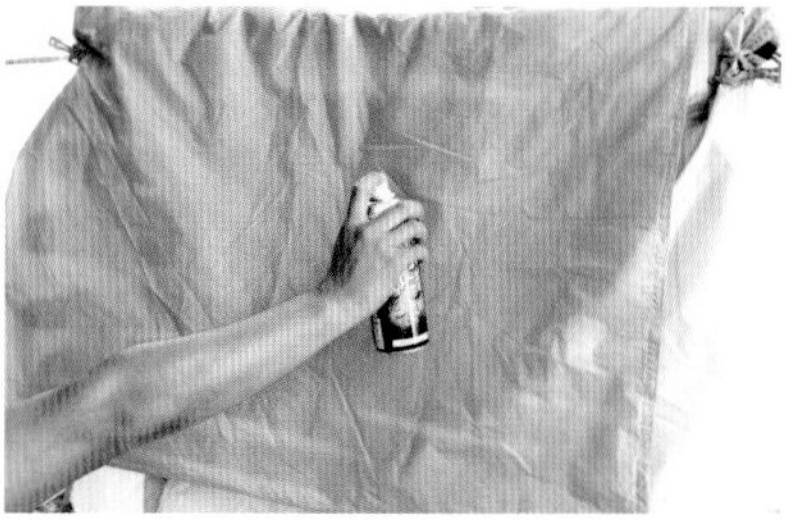

4 **3**で吹き付けたものがある程度乾いたら、次はしっかりと吹きかける。そのまま、完全に乾くまで陰干しする

04 シームシーリングの方法

雨漏り防止のメンテナンス

シームシーリングとは、水が浸入しやすい縫い目の部分に防水処理を施すことである。

シームシーリングが劣化したタープは、屋根として意味をなさない。登山を始めたばかりのころ、私はシームシーリングを施していないツェルトで大変な雨漏りに見舞われたことがあった。縫い目というのは本当に雨漏りがしやすく、そこからボタボタと水が落ちてきて、怖いくらいであった。

シームシーリングの処理は、テープ状のシーリングテープを使ってもいいが、防水や目止め用の建築資材として販売されている液体状のシリコンシーラントを使う方法が、安価で高い防水性が得られオススメだ。メンテナンスにとって、材料が入手しやすいことも重要な要素。ホームセンターや100円ショップで材料が入手できれば、メンテナスやリペアの頻度を落とさずにすむ。

シリコンシーラントは、そのままの状態だと塗りにくく乾きも遅いので、ラッカーシンナーで希釈して使用する。混ざりにくいが、よく混ぜれば、しっかり伸ばすことが可能だ。そして、このラッカーシンナーを使用する時には、ハケは天然素材のものを使ったほうがいい。化学繊維のものだと、シンナーで溶けてしまうのだ。

シリコンシーラントを塗るのは、タープの表側。ミシン目をすべて埋めるようにしてシリコンシーラントを塗っていく。とくに幕体の中央にあるリフター周りは入念に行うこと。この部分がもっとも漏水する恐れが高い。

シームテープはタープの裏側から施すが、この方法だと表面のステッチを保護することにもつながる。購入したタープのシームテープ処理が劣化した時点で、このシリコンシーラントを使う方法に切り替えるのもいいだろう。

なお、塗布作業の前に、縫い目とリフター周りの汚れを歯ブラシなどで軽く落としておくといい。こうした一手間が、シームシーリングの持ちを左右する。新品に施す際には、皮脂汚れが取れるメガネクリーナーで軽く拭く程度でいいだろう。

手順

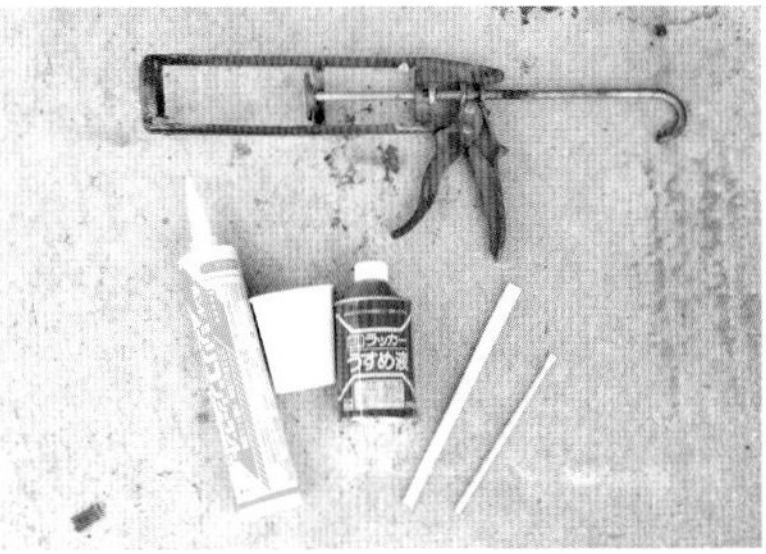

1 用意するものは、シリコンシーラント（クリア）、コーキングガン、紙コップ、ラッカー薄め液、割り箸、豚毛筆。コーキングガンは100円ショップでも買える

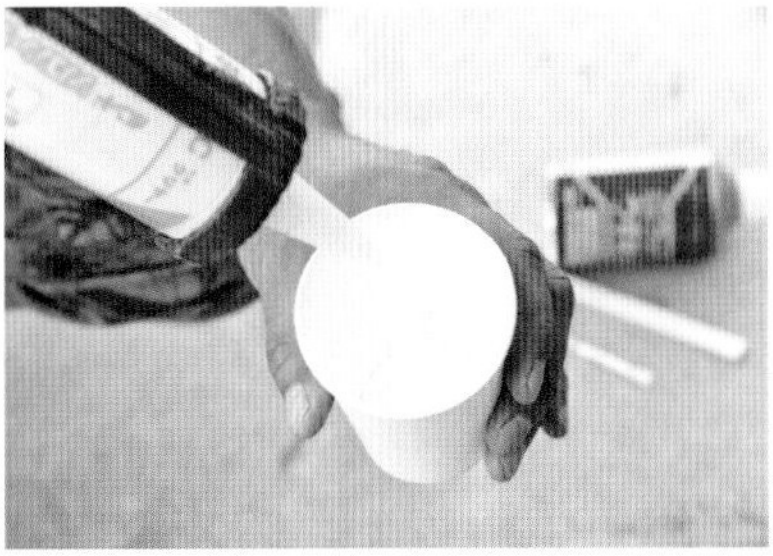

2 紙コップにシリコンシーラントを適量入れる。シリコンシーラントは手に付くとベタつくので、ゴム手袋などを使用して作業してもいい

3 ラッカー薄め液を少量ずつ加え、かくはんする。蜂蜜程度の硬さが塗りやすく仕上げもよくなるので、硬さを確かめながらかくはんする

4 しっかりとかくはんして、分離している薄め液やシーラントが固まっている部分がなくなるまでしっかり混ぜる。混ぜながら、硬さもチェックするように

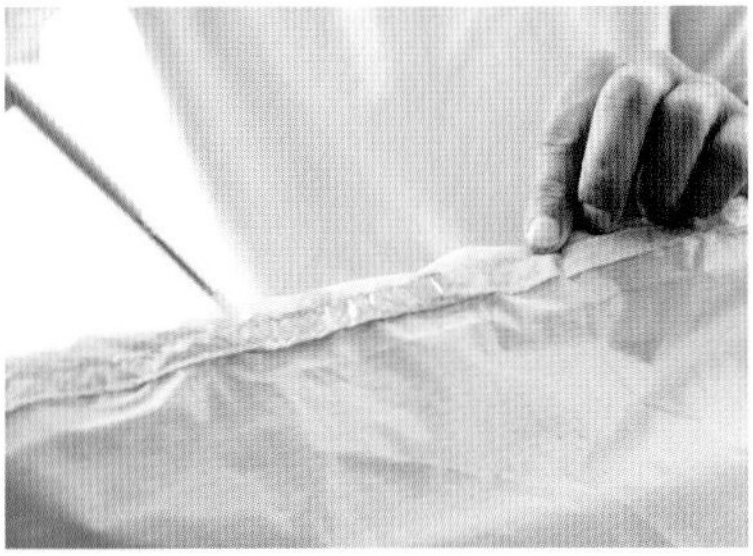

5 縫い目に沿って筆で塗っていく。たれないように注意しながら行う。必ずラッカー対応の筆を使うようにする。オススメは豚毛の筆だ

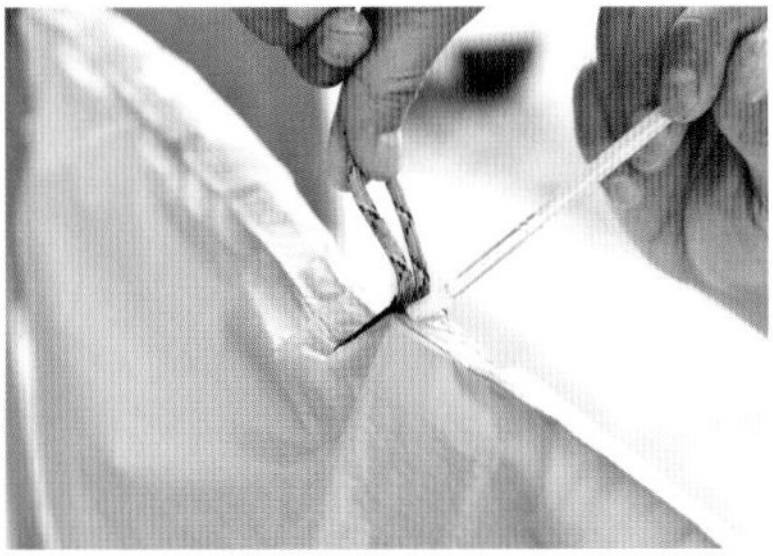

6 リフター部分は、裏側や側面もしっかりと防水するようにする。縫い目だけでは漏水する恐れが高く、処理が完全とはいえない

05 タープの畳み方と保管方法

地面につけないスマートな畳み方

　タープを地面につけずに畳めるとホコリやチリ、汚れが付かず、生地に必要以上にダメージを与えない。ぜひそのための方法を覚えて欲しい。

　フィールドで地面につかないように畳むには、張り綱にタープを掛けた状態で、張り綱の末端を持ちながら畳んでいく。タープが張り綱に吊られているオーバーライン（P52）の状態だったら、最後に枝を抜きながら小さく畳むようにし、張り綱の上にタープが掛かっているアンダーラインの状態だったら、ロープを引き抜きながら畳んでいく。最初はオーバーラインで練習するといいだろう。

　また、スタッフバッグのサイズにかなりゆとりがあるタイプもあるが、それなら畳まずにスタッフバッグに押し込んでもいい。

　防水性を保つページでも触れたが、タープは高温多湿の場所では保管しないこと。紙袋などに入れ調湿剤やシリカゲルなどを置いておくと、より保管に適した環境を作り出せる。

1人で地面につけないように畳む

1 アンダーラインでの畳み方になる。まずタープを二つ折りにして、さらにそれを四つ折りにするように重ねる。両端がきれいにそろうようにしておく

2 ヨレや重なりを調整しながらきれいにそろえていく。ここでしっかりと整えておくと、仕上がりがきれいになる

3 張り綱の一端をほどき、少しずつ引く抜きながらタープを畳んでいく。張り綱が一気に抜けてしまわないように、押さえながら作業する

4 最後に、タープをまとめた状態で張り綱を引き抜く。長い張り綱は一度では引き抜けないので、折り畳みながら少しずつ抜いていくとタープを落とさず畳める

5 残った部分を畳みながら、しっかりと中の空気を抜いていく。この時にしっかり押さえておかないと、膨らむ勢いで畳んだものがバラけてしまうので注意

6 空気をしっかりと抜いて形を整えれば終了。地面に一度も触れずに畳むことができた。雨天時などは、このように地面に触れないで畳めるとありがたい

あとがき

私が初めて大人抜きでキャンプに行ったのは、12歳の時だった。その時持っていったキャンプ道具は、ほとんどが当時ホームセンターで買った安物で、いま思えば優秀とはいい難い代物ばかりだった。しかし、その後ブッシュクラフト、登山、ウルトラライトと、アウトドアをいろいろな形で楽しむようになり、数々の優れた道具たちと出会うようになった。

その中で特に感動を与えてくれたのが、タープである。タープは雨や風などの自然と自分を隔て守ってくれるものなのだが、その一方で、自然の距離を思い切り近くしてもくれる。タープが与えてくれる自然との距離感が、絶妙なのだ。

私は、タープ泊の魅力に気づいてから、テント泊をほとんどしなくなった。タープの下で焚き火と過ごす時間や、夜の闇の先にある星々のきらめき、そして冒険心を掻き立てる深い森の香りが、愛おしくてたまらなくなってしまったのだ。

また、私はタープを使ってアウトドアを楽しんでいるうちに、タープが災害対策の道具として極めて優れた道具であることにも気付いた。日頃からタープ泊を楽しみ、タープワークのスキルを身に付けていれば、いざというときに必ず役立つと感じている。
アウトドアを楽しむための道具として、自然を親しく感じるための道具として、そして命を守る道具として、本書を通しタープの魅力を少しでも伝えられたら本望だ。皆さんが最高のタープ泊を楽しめるよう、心から願っている。

荒井裕介

荒井裕介

あらい・ゆうすけ　ハンティングやサバイバル技術、アウトドアギアに関する造詣が深く、雑誌、書籍への執筆多数。毎年秋冬には、ハンティングのために山にこもり、獲物の解体処理から調理を山中で行うブッシュクラフター。ワイルドライフ・クリエイター、サバイバル料理研究家という肩書きも持つ。著書に『アウトドア刃物マニュアル』『サバイバル猟師飯』（誠文堂新光社）がある。YouTubeの「荒井裕介youちゃんねる」のほか、Twitter、Facebookにて情報発信中

編集・写真　原 太一
装丁　草薙伸行（Planet Plan Design Works）
本文デザイン　村田 亘（Planet Plan Design Works）
装丁イラスト　戸島璃葉
校正　中野博子

キャンプ、災《さい》害《がい》時《じ》に役《やく》立《だ》つ基《き》礎《そ》知《ち》識《しき》と設《せっ》置《ち》法《ほう》

タープワーク

2021年7月26日　発　行　NDC786
2023年2月6日　第2刷

著　者　荒《あら》井《い》裕《ゆう》介《すけ》
発行者　小川雄一
発行所　株式会社 誠文堂新光社
〒113-0033 東京都文京区本郷3-3-11
電話 03-5800-5780
https://www.seibundo-shinkosha.net/
印刷所　株式会社 大熊整美堂
製本所　和光堂 株式会社

ISBN978-4-416-52192-2